SUPERAR LA ANSIEDAD Y EL MIEDO

Un programa paso a paso

9ª edición

Pedro Moreno
Doctor en Psicología
Psicólogo especialista en Psicología Clínica
Presidente de la Asociación para el Avance de la Psicología Clínica

67

SUPERAR LA ANSIEDAD Y EL MIEDO

Un programa paso a paso

Prólogo de David H. Barlow, Ph.D.

9ª edición

Crecimiento personal
COLECCIÓN

Desclée De Brouwer

1ª edición: enero 2002
2ª edición: abril 2002
3ª edición: marzo 2003
4ª edición: junio 2004
5ª edición: mayo 2005
6ª edición: mayo 2006
7ª edición: julio 2007
8ª edición: noviembre 2008
9ª edición: diciembre 2011

© Pedro Moreno, 2002

© EDITORIAL DESCLÉE DE BROUWER, S.A., 2002
Henao, 6 - 48009 Bilbao
www.edesclee.com
info@edesclee.com

Cualquier forma de reproducción, distribución, comunicación pública y transformación de esta obra sólo puede ser realizada con la autorización de sus titulares, salvo excepción prevista por la ley. Diríjase a CEDRO (Centro Español de Derechos Reprográficos –www.cedro.org–), si necesita fotocopiar o escanear algún fragmento de esta obra.

Impreso en España - Printed in Spain
ISNB: 978-84-330-1665-2
Depósito Legal: BI-1239/06

A mi madre
A mi mujer

Dos referencias fundamentales
en mi vida

ÍNDICE

Nota del autor. 11
Agradecimientos 13
Prólogo. 15
Introducción 17

Paso 1º. Comprender la ansiedad. 27
  1. Cuando la ansiedad es un trastorno 29
  2. El mecanismo de la ansiedad. 59
  3. Química emocional 83

Paso 2º. Comprender tu caso particular. 95
  4. Identificar tu ansiedad (1ª Parte). 97
  5. Identificar tu ansiedad (2ª Parte). 107

Paso 3º. Lograr la relajación física. 121
  6. Relajación muscular 123
  7. Técnicas de respiración. 137

Paso 4º. Lograr la relajación mental 143
   8. Solucionar problemas con eficacia 145
   9. Pensar con claridad 157
   10. Valorarnos en lo que somos (o más) 169

Paso 5º. Lograr la relajación conductual 189
   11. Ser asertivo 191
   12. Hacer frente a nuestros temores 207

Epílogo: Mantener los logros 227
Bibliografía 235

NOTA DEL AUTOR

La información y los ejercicios propuestos deben entenderse como material educativo que puede ayudar al lector a superar la ansiedad y el miedo. Sin embargo, este manual práctico no debe emplearse para reemplazar el diagnóstico y el tratamiento de un profesional experto en salud mental.

Para conseguir más información sobre la superación de la ansiedad y el miedo se puede visitar la página web en la que participa el autor: *http://www.ansede.com*. En dicha página se ofrece:

- Información sobre profesionales cualificados en salud mental en el área de residencia del lector.
- Lecturas y tests adicionales sobre el miedo, la ansiedad y otros temas de salud relacionados.
- Novedades en el tratamiento de la ansiedad y el miedo.

Si no se posee acceso a internet, es posible solicitar dicha información por correo postal.

Para contactar directamente con el autor puede dirigirse por correo electrónico (pedro@clinicamoreno.com) o por correo postal a:

Dr. Pedro Moreno
Apdo. Correos 4479
30.080 Murcia (España)

Estaremos encantados de recibir sus comentarios y sugerencias.

AGRADECIMIENTOS

Agradezco sus contribuciones a los colegas, amigos, alumnos y pacientes que aceptaron revisar las primeras versiones de este libro. Aún a riesgo de olvidar algún nombre, quiero expresar mi agradecimiento a Javier Méndez Carrillo, Gabriel Sánchez, Paco Sánchez, Lilian Bermejo, Fulgencio Marín, Julio C. Martín, Fernando Navarro, Pruden, Sera, Laura, Eugenia, María, Eva, Marga, Inmaculada, Juanje, José Joaquín y Patricia. Vuestros comentarios y sugerencias me han ayudado a mejorar y clarificar el producto final. No obstante, atribuya el lector los defectos hallados al autor.

Un libro sin editor es un proyecto inacabado. Agradezco a Manuel Guerrero y Carlos Alemany su entusiasmo con esta obra desde el mismo inicio, cuando tan sólo era un deseo del autor.

El proyecto de escribir un manual de autoayuda claro y directo sobre la ansiedad y la forma de superarla merodeaba en mi cabeza desde unos meses antes de ponerme manos a la obra. Cuando decidí materializarlo, no tuve en cuenta la enorme cantidad de horas que tomaría prestadas a mi familia. Sin duda, he disfrutado mucho escribiendo estas páginas y les agradezco su generosidad conmigo. Vuestra comprensión ha hecho posible este libro. Ana, Cristina y Pedro, os quiero.

PRÓLOGO

Desde tiempos inmemoriales, millones de personas de todo el mundo han sentido ansiedad. El papel que ha tenido y tiene dicha ansiedad es diferente según la intensidad con la que se presenta. De tal modo, los niveles suaves o moderados de esa emoción tienen un efecto beneficioso, pues facilitan un mejor desempeño de ciertas actividades. Esto es debido a que se aumenta la atención y la motivación.

Sin embargo, cuando la ansiedad llega a ser severa, ésta puede ocasionar un deterioro total y permanente, con serias complicaciones en algunos casos, tales como: abuso de fármacos, problemas laborales o académicos, e incluso importantes problemas personales y de relación con los demás. Y siempre con un sufrimiento considerable para la persona que padece dicho trastorno de ansiedad.

Me satisface prologar el libro escrito por el Dr. Pedro Moreno –entre otros motivos– porque ha tenido muy presente el objetivo de presentar de un modo muy asequible la problemática típica de la ansiedad y los métodos disponibles para superarla. Para ello, se ha basado en su propia experiencia profesional y en los últimos desarrollos científicos internacionales en técnicas para el tratamiento de la ansiedad.

El libro incluye abundantes ejemplos, tests y ejercicios que facilitan la asimilación de los conceptos fundamentales, convirtiéndolo en una herramienta útil para superar la ansiedad y el miedo.

Finalmente, puesto que los procedimientos descritos en este libro se han probado efectivos, tan sólo resta añadir que leer este libro debería ser el camino de elección para cualquier persona que sufra trastornos de ansiedad o miedos fóbicos.

David H. Barlow, Ph.D.
Professor of Psychology
Research Professor of Psychiatry
Director, Center for Anxiety and Related Disorders
and Clinical Programs at Boston University
Estados Unidos de América

INTRODUCCIÓN

¿Has sufrido alguno de los siguientes síntomas?		
• Tensión muscular o irritabilidad	SÍ	NO
• Palpitaciones o el corazón acelerado	SÍ	NO
• Náuseas, mareos o vértigos	SÍ	NO
• Necesidad de evitar algunos sitios o personas	SÍ	NO
• Manos o pies fríos o pegajosos	SÍ	NO
• Oleadas de calor, escalofríos o temblores	SÍ	NO
• Vergüenza excesiva	SÍ	NO
• Pensamientos "raros" o repetitivos	SÍ	NO
• Dudas o preocupaciones continuas	SÍ	NO
• Miedo a estar teniendo un infarto o algo grave	SÍ	NO
• Necesidad de repetir lavados o comprobaciones	SÍ	NO
Si has marcado al menos un sí, este libro puede serte útil.		

La ansiedad y el miedo se pueden manifestar de muchos modos. Una persona ansiosa o con miedo puede sentir tensión muscular, palpitaciones, manos o pies fríos, oleadas de calor o escalofríos. También puede sentir la necesidad de evitar a aquellas personas, lugares o situaciones que le causan miedo o ansiedad.

Otros síntomas frecuentes de la ansiedad son la irritabilidad, las náuseas, los vértigos, los temblores, las dudas reiteradas, los mareos y las preocupaciones excesivas. Algunas personas que padecen problemas de ansiedad pueden sentir *crisis de ansiedad* (o ansiedad repentina y muy elevada) cuando se encuentran con determinadas personas o animales. También es posible sufrir crisis de ansiedad en situaciones como volar en avión, subir a un piso elevado o entrar en un espacio muy reducido. Otras personas tienen estas crisis de forma inesperada y sin nada que las provoque, aparentemente.

En la sociedad actual son muchas las personas que padecen debido a la ansiedad o el miedo. Algunos expertos afirman que cuatro de cada diez personas pueden experimentar los síntomas de la ansiedad. Por otro lado, estudios rigurosos indican que dos varones y tres mujeres de cada diez han tenido, tienen o tendrán algún trastorno de ansiedad a lo largo de su vida.

Las repercusiones de padecer un trastorno de ansiedad pueden llegar a ser considerables. Además del malestar que ocasiona la ansiedad, ésta a veces se complica con depresión, con abuso de medicación tranquilizante o con el consumo abusivo de alcohol o drogas. También puede alterar nuestro desempeño laboral o académico, nuestras relaciones sociales e incluso impedirnos lograr una pareja.

La buena noticia es que resulta posible superar la ansiedad y el miedo. Hoy en día los psicólogos disponemos de muchas técnicas para ayudar a las personas que sufren estos problemas. Técnicas y métodos que han sido probados científicamente en prestigiosos centros de investigación de todo el mundo y que han demostrado su eficacia en miles de pacientes correctamente diagnosticados y tratados.

INTRODUCCIÓN

Este libro trata de resumir y presentar de modo asequible y ordenado todos estos conocimientos científicos y las técnicas que se han probado más sencillas y efectivas. Es, sin duda, un libro práctico que te ayudará a superar los miedos y la ansiedad. No pretendo decirte que sea fácil esta tarea ni que lo puedas lograr en 10 días. Sí te digo que tú puedes hacer mucho por aliviar e incluso eliminar los problemas de ansiedad si aplicas los conocimientos y los ejercicios incluidos en este libro.

Muchos pacientes preguntan si realmente es posible superar los miedos o la ansiedad. Mi respuesta siempre es la misma: "Si se compromete al cien por cien con la terapia y realiza los ejercicios recomendados, usted logrará sentirse bastante mejor, puede que incluso completamente curado". Si bien es cierto que no todos los trastornos de ansiedad se pueden superar completamente, en todos los casos es posible hacer mucho por mejorar la calidad de vida y hacer que la vida merezca ser vivida. Como especialista en tratamientos psicológicos, reconozco que los pacientes que sufren trastornos de ansiedad, generalmente, tienen muchas más posibilidades de salir adelante con éxito que los pacientes que sufren otros problemas psicológicos como los trastornos psicóticos o las adicciones.

Este libro desarrolla las explicaciones y los ejercicios que he visto que ayudan a mis pacientes a superar la ansiedad. Pese a que ningún libro puede sustituir por completo a un tratamiento psicológico, es muy cierto que escribo este manual con el convencimiento de que la información contenida y los ejercicios recomendados pueden hacerte sentir mejor. Si eso se logra, aunque sea en una porción mínima, este manual de autoayuda habrá cumplido su objetivo.

Nuestro plan para superar la ansiedad y el miedo

El trabajo para superar la ansiedad pasa por siete fases: 1) entender los trastornos que puede causar la ansiedad, 2) conocer con detalle los síntomas que puede experimentar una persona ansiosa (especialmente aquellos síntomas y sensaciones que pasan más desapercibidos), 3) identificar el modo concreto en el que la ansiedad se presenta en tu vida, 4) seleccionar las técnicas para hacer frente a la ansiedad que mejor pueden funcionarte, 5) aprender dichas técnicas, 6) aplicar las técnicas a tu vida cotidiana, y 7) valorar el resultado de dicha aplicación.

La estructura del libro responde en parte a este esquema. El capítulo que sigue a esta introducción presenta las diversas formas que puede adoptar la ansiedad. Es un capítulo relativamente denso pero se ha incluido porque muchos de mis pacientes, al saber que "lo suyo" tiene un nombre se sienten aliviados. Es cierto que muchas personas que sufren ansiedad creen que son los únicos con ese problema y eso les hace sentirse aún más infelices y raros. Este capítulo nos servirá también para ir localizando y clasificando los síntomas de ansiedad. En muchas ocasiones la ansiedad y el miedo se manifiestan de modo evidente, pero son estos mismos síntomas los que pueden enmascarar detalles sutiles que requieren ser manejados adecuadamente para mejorar definitivamente. Por esto se han incluido ejemplos extensos de casos que he tratado personalmente –si bien han sido modificados los nombres y otros detalles que pudieran identificar a mis pacientes–. También se incluye una breve descripción de las características principales de cada trastorno y sus variantes, así como un apartado denominado "La clave del trastorno" en el que se presenta el elemento principal a tener en cuenta para superar cada trastorno de ansiedad. No significa que sólo haya que actuar sobre ese elemento, sino que es difícil superar ese trastorno de ansiedad si no abordamos adecuadamente lo que podríamos considerar la clave del trastorno.

El capítulo dos, "El mecanismo de la ansiedad", nos enseña a conocer a fondo al enemigo. Sirviéndonos del esquema denominado por los psicólogos *análisis funcional de la conducta*, describiremos desde las situaciones que pueden desencadenar la ansiedad (*estímulos*) hasta las *consecuencias* de nuestro comportamiento ante dicha ansiedad (*respuesta*), pasando por describir las distintas formas en las que puede manifestarse la respuesta de ansiedad (*respuestas cognitivas, fisiológicas* y *motoras*), todo ello ilustrado con abundantes ejemplos. Dedicaremos atención igualmente a las peculiaridades de cada persona como ser individual ante la ansiedad (*organismo*). En la Tabla 1 se definen brevemente estos conceptos.

Tabla 1. Unidades del análisis funcional de la ansiedad

Estímulo: Situaciones que desencadenan la respuesta de ansiedad. También funcionan como estímulo otras respuestas previas como recuerdos, sensaciones o pensamientos que nos producen ansiedad.
Organismo: Es el resumen de nuestra historia como personas: los aprendizajes, habilidades adquiridas, recursos de afrontamiento, herencia genética, etc. También incluimos aquí las sustancias químicas que pueden alterar la química cerebral.
Respuesta: Nuestras respuestas de ansiedad se dividen en tres subtipos: respuestas cognitivas (los pensamientos), respuestas fisiológicas (las sensaciones) y respuestas motoras (las conductas visibles).
Consecuencia: Las consecuencias de nuestras respuestas de ansiedad (por ejemplo, sentir menos ansiedad cuando nos alejamos de la situación temida) pueden contribuir a mantener nuestro problema de ansiedad e incluso empeorarlo.

Aunque ahora pueda parecerte algo complicado, dedicaremos atención suficiente para que logres realizar tu propio análisis funcional de tu ansiedad. Esto será muy útil para que aprendas a reconocer cómo funciona la ansiedad en tu caso particular y será uno de los primeros pasos que debas dar para superarla definitivamente. Tal vez esta tarea te parezca difícil a primera vista. Ciertamente tiene su complicación, pero hemos incluido tres capítulos (3, 4 y 5) que te ayudarán a completar todos estos datos, de forma relativamente sencilla, con muchos ejercicios prácticos, tests y cuestionarios. De ese modo tendrás mayor confianza en el trabajo que vas realizando.

En el capítulo tres nos adentraremos de forma práctica en el mundo de las sustancias que pueden alterar el estado emocional. Se ofrecen algunos consejos para evitar crisparnos aún más y comentamos el valor relativo de algunos fármacos para la ansiedad. Digo "valor relativo" porque estos fármacos sólo tienen una utilidad transitoria –y remarco lo de transitoria– en la solución de los problemas emocionales en general y de la ansiedad en particular. Cuando una persona está tan alterada que no puede mantener una conversación con el psicólogo, por su estado extremo de ansiedad o depresión, el fármaco puede tener una utilidad, si así lo considera el médico. Cuando el paciente es capaz de mantener su atención en la conversación durante al menos treinta minutos es el momento de iniciar la terapia psicológica. En el momento en el que comience a hacerse más estable la mejoría, el médico debe valorar la retirada gradual de la medicación mientras aún continúa el tratamiento psicológico para prevenir una recaída prematura. La ansiedad es un mecanismo de defensa natural del ser humano que le previene de peligros reales y por esto no se puede erradicar. Por este motivo no se debe conducir bajo los efectos de tranquilizantes: la tranquilidad artificial que producen conlleva una pérdida de reflejos que nos puede costar la vida. Por tanto es fundamental aprender a manejar la ansiedad de modo natural, mediante el conocimiento de sus síntomas y de las técnicas que nos permitan afrontarla adecuadamente en el día a día y en cualquier circunstancia.

En los capítulos cuatro y cinco aprenderemos a detectar la ansiedad perjudicial. Aquí veremos la forma de aplicar lo aprendido para reconocer los síntomas sufridos últimamente, cómo se manifiestan en nuestro caso particular, cuáles son sus componentes concretos, y qué consecuencias están teniendo a corto y a largo plazo. En el capítulo cuatro se incluyen algunos ejercicios para facilitar el conocimiento profundo de tus respuestas de ansiedad y cuatro tests sobre ansiedad que te ayudarán a delimitar las situaciones temidas, y los pensamientos, sensaciones y conductas principales que tienen lugar cuando estás ansioso o con miedo. En el capítulo cinco se ofrecen las claves para interpretar adecuadamente tus resultados y tomar decisiones sobre la mejor forma de afrontar la ansiedad en tu caso particular.

En los capítulos que restan se desarrollan las principales técnicas que existen para ayudar a superar definitivamente la ansiedad y el miedo. Las técnicas que hemos seleccionado son –de entre las que tienen científicamente demostrada su eficacia– las que nosotros hemos aplicado en numerosos pacientes a lo largo de nuestra práctica profesional y que conocemos en profundidad. Estas técnicas persiguen tres objetivos complementarios:

1. *Lograr la relajación física:* técnicas de relajación muscular (capítulo 6) y de respiración anti-pánico (capítulo 7).
2. *Lograr la relajación mental:* técnicas de resolución de problemas (capítulo 8), técnicas de reestructuración cognitiva

(capítulo 9: "Pensar con claridad") y su aplicación a la autoestima (capítulo 10).

3. *Lograr la relajación conductual:* entrenamiento asertivo (capítulo 11) y técnicas de exposición (capítulo 12: "Hacer frente a nuestros temores").

Estas técnicas se han presentado por orden creciente de "dificultad emocional". Desde luego, lo más sencillo es practicar las técnicas de relajación puesto que, si bien requieren un entrenamiento apropiado, no suponen, generalmente, ningún tipo de amenaza para quien las practica. Las técnicas para lograr la relajación mental son algo más complicadas, y, si bien son necesarias en muchos casos, a veces pueden hacernos sentir un poquito conscientes de algunas limitaciones emocionales. Finalmente, las técnicas de relajación conductual son claramente "agresivas" en ocasiones, pues suponen enfrentarse –cara a cara– con las situaciones, sensaciones y pensamientos temidos. Todas estas técnicas han demostrado su eficacia y debemos remarcar aquí que, en determinados casos, las técnicas más "agresivas" han resultado, con diferencia, las más eficaces para superar definitivamente la ansiedad y el miedo. No obstante, siguiendo las indicaciones que se proporcionarán más adelante, será posible planificar una estrategia efectiva y segura para superar la ansiedad y el miedo.

Nota para profesionales de la salud mental

Este manual está dirigido a personas que sufren ansiedad o miedo y puede emplearse sin la supervisión de un profesional de la salud mental. No obstante, dichos profesionales, y especialmente los psicólogos, encontrarán en esta obra una guía útil en múltiples niveles:

INTRODUCCIÓN

- Aquellos psicólogos con poca o nula experiencia profesional hallarán aquí una descripción llana pero precisa de los trastornos de ansiedad y de las claves que determinan el tratamiento eficaz de los mismos. También obtendrán una guía para la evaluación del paciente con ansiedad y una exposición clara de las principales técnicas avaladas científicamente para el tratamiento de la ansiedad. Todo ello salpicado de abundantes ejemplos de la propia experiencia profesional del autor.

- Los psicólogos con experiencia clínica fuera del modelo cognitivo-conductual encontrarán en este manual una guía sencilla de las explicaciones básicas que se suministran al paciente con esta problemática desde la perspectiva cognitivo-conductual, enriqueciendo, probablemente, su manejo clínico con pacientes que padecen trastornos de ansiedad.

- Los psicólogos cognitivo-conductuales experimentados, y en general todo profesional de la salud mental que trabaje con pacientes con trastornos de ansiedad, pueden recomendar este manual a sus pacientes a modo de biblioterapia o como complemento a las sesiones terapéuticas con el paciente. Son abundantes las pruebas a favor del uso de manuales que complementen la terapia como un modo de mejorar el resultado de la misma.

Existe una guía para el profesional que complementa a este manual y que desarrolla en profundidad las decisiones clínicas que debe afrontar el psicólogo que evalúa y trata a personas con ansiedad. Puede solicitarla a través de la página web en la que colabora el autor: *http://www.ansede.com*.

Paso 1º.
COMPRENDER LA ANSIEDAD

1

CUANDO LA ANSIEDAD ES UN TRASTORNO

> **En este capítulo:**
> - Entenderás cómo la ansiedad llega a convertirse en perjudicial.
> - Conocerás los distintos trastornos de ansiedad que existen.
> - Comprobarás que muchas personas tienen problemas con la ansiedad.

La ansiedad es una emoción normal que cumple una función adaptativa en numerosas situaciones. Todo organismo viviente necesita disponer de algún mecanismo de vigilancia para asegurar su supervivencia y la ansiedad cumple ese papel en numerosas situaciones. Así es normal, y deseable, que un ser humano tenga miedo cuando se avecina un peligro real. De hecho, nuestro organismo está preparado para aprender a sentir miedo y ansiedad en determinadas circunstancias como una forma de prevenir males mayores. En cierta medida, la educación de nuestros hijos consiste también en hacerles aprender a sentir miedo o ansiedad ante circunstancias, situaciones o animales que pueden llegar a ser peligrosos. Es deseable que los niños teman los enchufes eléctricos para prevenirles de la experiencia de sentir una descarga que puede ser mortal. Por esto muchos padres tratamos de asustar vivamente a nuestros hijos cuando acercan unas tijeras abiertas a un enchufe. El niño, normalmente, se asusta bastante ante un fuerte grito ("¡No toques ahí!") y eso suele bastar para que de alguna forma se asocie en su mente incipiente la relación entre una cajita con dos agujeritos llamativos y una sensación desagradable de desasosiego. En el futuro, los padres esperamos que esa experiencia baste para que, estando el niño solo, huya de experimentar con el enchufe –aunque a veces sea necesario repetir el grito más veces de las que nos gustaría–.

Que los padres actuemos así, no quiere decir que siempre haya alguien para proveernos las experiencias de aprendizaje que nos conducen a prevenir los peligros. Generalmente, son las circunstancias de la vida las que van disponiendo de la experiencia que hace aprender a temer situaciones, personas, animales o circunstancias relacionadas con peligros reales. Así, no es de extrañar que nos acerquemos con cautela a una calle transitada cuando hemos sufrido algún percance en otra calle transitada. También puede ocurrir que ni siquiera hayamos experimentado nosotros el peligro para conducirnos con cautela. El hecho de tener noticias de que alguien ha sufrido un accidente al cruzar una calle, por ejemplo, puede ser suficiente para que tengamos cierto miedo a cruzar una calle transitada. Realmente es fascinante la capacidad que tenemos los seres humanos para aprender.

Sin embargo, a veces ocurre que toda esta preciosa maquinaria de prevención de accidentes y demás desastres no funciona como debiera, produciendo falsas alarmas: se dispara la reacción de alarma ante estímulos inofensivos. En este caso nos adentramos en el amplio campo de los trastornos de ansiedad.

Los *trastornos de ansiedad* se caracterizan por tener a la ansiedad o el miedo como elementos principales del sufrimiento humano. Cada trastorno se refiere a un conjunto característico de síntomas y sensaciones que suelen aparecer en la misma persona. Es lo que denominamos los psicólogos un *síndrome clínico*.

Los principales trastornos de ansiedad son: 1) trastorno de pánico, 2) agorafobia, 3) fobia social, 4) fobias específicas, 5) trastorno obsesivo-compulsivo, 6) trastorno por estrés agudo, 7) trastorno por estrés postraumático, y 8) trastorno de ansiedad generalizada. Prácticamente cualquier problema de ansiedad se puede incluir en alguno de los apartados precedentes, si bien, a veces, los síntomas que se presentan no alcanzan la intensidad, la frecuencia o la repercusión en la vida social, laboral o personal como para justificar un diagnóstico formal de trastorno de ansiedad. En otros casos, las reacciones de ansiedad se deben a acontecimientos estresantes como por ejemplo una separación de pareja o un despido laboral, que crean una dificultad puntual para desarrollar nuestra vida cotidiana y que denominamos *trastorno adaptativo* –cuando no alcanza la intensidad para ser un trastorno de ansiedad–. También puede ocurrir que los síntomas de ansiedad puedan estar provocados por enfermedades físicas o por el consumo de fármacos, drogas o sustancias dietéticas. En estos casos puede haber un trastorno de ansiedad o no, dependiendo de cada persona y de las circunstancias que concurran.

Veamos a continuación estos trastornos de ansiedad con algo más de detalle.

Trastorno de Pánico

El caso de Antonio: "Tengo un infarto. Me muero"

Antonio es un profesor universitario joven que padece crisis de ansiedad desde hace un par de años. La primera vez que tuvo una "crisis de ansiedad" fue a urgencias porque pensaba que estaba sufriendo un infarto. No pensaba que tuviese ansiedad, ni podía creerse que los médicos no hicieran mucho caso a su supuesto infarto. De hecho le comentaron que "sólo" tenía ansiedad y le mandaron algunas pastillas. Estas pastillas le suprimían las sensaciones de ansiedad, sobre todo al principio, e incluso le dejaban a veces un tanto adormilado, pero pronto comenzó a notar que "eso seguía ahí". Se notaba muy pendiente de su corazón, de si se aceleraba o palpitaba con fuerza. Él era deportista, pero a partir de las crisis de ansiedad cada vez le apetecía menos practicar deporte. En realidad le producía miedo, porque en cuanto montaba en la bicicleta le resultaba inevitable notar cómo se aceleraba su corazón y tenía que dejarlo "porque podía ocurrir lo peor". No obstante, sus crisis aparecían de modo inesperado. Nunca sabía a ciencia cierta si iba a tener una crisis o no, pero era cierto que había determinados sitios o situaciones que prefería evitar: grandes almacenes, colas en supermercados, viajar en avión, etc. Antonio veía que su vida se limitaba. Últimamente no soportaba ver películas de intriga o acción y –lo que era peor para él– se estaba distanciando de su pareja porque habían comenzado a evitar los encuentros sexuales con ella. De nuevo estaba el miedo al infarto campando a sus anchas: cuando hacía el amor notaba que el corazón se aceleraba y no podía evitar pensar en el infarto. Tenía que detenerse. Su mujer ya no tenía claro si realmente "sólo" era ansiedad lo de Antonio.

CUANDO LA ANSIEDAD ES UN TRASTORNO

El caso de Rosa: "Acabaré loca en un manicomio"

Rosa tenía 32 años cuando acudió a consulta. Llevaba una larga andadura en su búsqueda de ayuda, que se remontaba unos cinco años y que incluía psiquiatras, curanderos y videntes. Todo comenzó tras una época bastante estresante en el trabajo. Un día tuvo una experiencia que calificó de aterradora. Estaba caminando por una de las calles de su pueblo y de repente sintió una extrañeza inexplicable: sabía que ésa era la misma calle de siempre pero le resultaba desconocida. Se sentía como si se hubiese caído de un platillo volante y no conociese a nadie ni reconociese las calles de su pueblo natal. Comenzó a correr; las piernas no le dejaban estar quieta, sentía oleadas de calor y le faltaba el aire. Llegó corriendo a su casa y se quedó más tranquila pero totalmente confundida: "¿Me estaré volviendo loca?" –se preguntó–. Precisamente, unas semanas atrás habían ingresado en un hospital psiquiátrico a dos vecinos suyos, aunque no sabía muy bien porqué. La experiencia volvió a repetirse cuatro o cinco veces antes de que su madre le acompañara al psiquiatra. El psiquiatra no se mostró muy seguro sobre el trastorno de Rosa, pero –según contó– le dijo a su madre que podía ser "ESQUIZOFRENIA". Una palabra con mayúsculas para Rosa y que no podía escuchar sin que se le erizara el vello de todo el cuerpo. Rosa sabía que la esquizofrenia es un trastorno mental grave que produce experiencias extrañas; como ver personas que no están, oír voces que nos insultan, o tener sensaciones aterradoras de ser perseguido, espiado o controlado desde el exterior. Para ella, esa palabra era sinónimo de pérdida de la razón y aquel diagnóstico provisional se convirtió en motivo de una gran preocupación, ya que las sensaciones terroríficas se repitieron en varias ocasiones.

Rosa estaba medicada con Risperidona, una medicación antipsicótica que le adormilaba mucho y no le eliminaba los síntomas. Motivo por el que la madre la llevó a un curandero; que tampoco logró resultado alguno. A continuación, Rosa fue a una vidente que le "ratificó" el diagnóstico de esquizofrenia. Cuando llegó a nuestra clínica estaba plenamente convencida de que padecía esquizofrenia y que iba a "acabar en el manicomio haciendo escobas como los locos" –según sus propias palabras–.

El trastorno

El trastorno de pánico se caracteriza por la presencia de crisis de ansiedad y el temor a experimentar nuevas crisis. Una *crisis*

Tabla 2. Síntomas de una crisis de ansiedad.

Miedo o malestar intensos que se inician bruscamente y alcanzan su máxima expresión en los primeros 10 minutos, acompañándose de cuatro (o más) de los siguientes síntomas:
1. Palpitaciones, sacudidas del corazón o elevación de la frecuencia cardiaca
2. Sudoración
3. Temblores o sacudidas
4. Sensación de ahogo o falta de aliento
5. Sensación de atragantarse
6. Opresión o malestar en el pecho
7. Náuseas o molestias abdominales
8. Inestabilidad, mareo o desmayo
9. Sensación de irrealidad (desrealización) o de estar separado de uno mismo (despersonalización)
10. Miedo a perder el control o volverse loco
11. Miedo a morir
12. Sensación de entumecimiento u hormigueo
13. Escalofríos o sofoco

de ansiedad es una reacción de miedo o malestar intenso que se presenta de forma repentina y alcanza su máxima intensidad en cuestión de dos o tres minutos, diez como máximo. Para denominarla así, esa reacción de miedo intenso debe ir acompañada de cuatro o más síntomas de los presentados en la Tabla 2.

Cuando no se alcanzan los cuatro síntomas requeridos de la tabla anterior, pero hay malestar suficiente, hablamos de *crisis de síntomas limitados* o *minicrisis*. El enfoque de tratamiento que requiere es exactamente el mismo.

La clave del trastorno

El trastorno de pánico se ha definido como el *miedo al miedo*. La esencia de este trastorno es que el paciente teme que los síntomas inofensivos sean *la señal* de un peligro real. Entonces, la interpretación catastrófica de esos síntomas inofensivos genera un estado de miedo que produce, de modo natural, que dichos síntomas aumenten en intensidad y se produce una espiral de ansiedad rápidamente creciente que desemboca en la crisis de ansiedad.

Antonio sentía una ligera presión en el pecho –que suele deberse a la acumulación espontánea de aire en los pulmones– y entonces pensaba: "¿Qué puede ser esto? Hace ya un rato que lo estoy notando. No creo que sea algo grave, pero ¿y si fuera algún problema cardiaco? No, no lo creo. ¡Oye! Parece que ha aumentado el dolor... Esto me asusta. Me duele más. ¡Es un infarto...! [Dolor extremo]". Al final acudió a urgencias, donde le dijeron que "sólo" era ansiedad. Veamos su crisis a cámara lenta en la Ilustración 1. (El gráfico debe leerse desde abajo hacia arriba: las sensaciones físicas aumentan en intensidad conforme la interpretación es más catastrófica).

Ilustración 1. Etapas de una crisis de ansiedad.

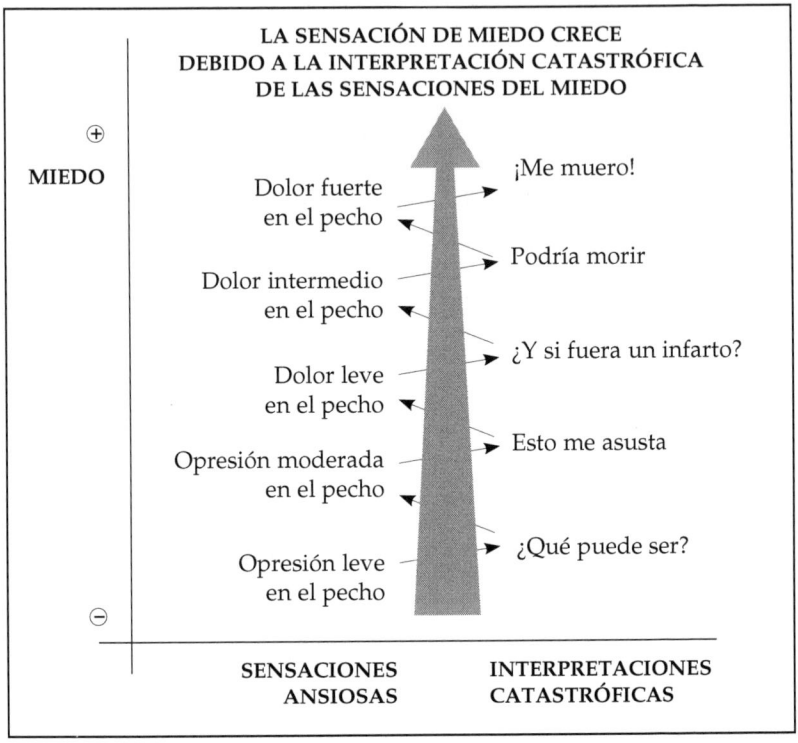

Otras crisis se producen cuando el paciente interpreta que su mareo o su vértigo le puede hacer desmayarse y caer. O cuando el paciente interpreta sensaciones extrañas de irrealidad o de ser distinto como señal de que podría estar enloqueciendo. En realidad, el mareo, el vértigo, la opresión en el pecho, la sensación de irrealidad, la sensación de no ser uno mismo o de verse desde fuera de sí, pueden ser síntomas de un fenómeno común como respuesta a situaciones estresantes. Lo denominamos *hiperventilación* y consiste en un aumento de la frecuencia de la respiración que hace acumular más oxígeno del necesario en la sangre, disminuyendo a su vez la cantidad de anhídrido carbónico en ésta. Ese cambio sanguíneo se registra en un lugar del cerebro y entonces produce los síntomas. Síntomas que ya conocían los buceadores con el nombre de *borrachera de oxígeno,* y que se producen cuando no realizan bien la mezcla de oxígeno y otros gases, lo que produce exactamente el mismo incremento de oxígeno y descenso de anhídrido carbónico en la sangre.

Agorafobia

El caso de Pepa: "No puedo ir sola. ¡Me desmayaré!"

Pepa comenzó a tener crisis de pánico cuando tenía 22 años. Sus crisis solían comenzar con cierta opresión en el pecho que luego daba lugar a una sensación de vértigo creciente. Todo le daba vueltas y su gran miedo era llegar a desmayarse y golpearse la cabeza al caer, muriendo desangrada. Conforme se hicieron más frecuentes la crisis, notó que parecía que había lugares en los que era más fácil que le diera la crisis. Sus lugares temidos eran aquellos donde había grandes aglomeraciones de gente, como ocurría en los grandes almacenes y en el supermercado. Al principio, comenzó evitando las horas punta, pues de ese modo se sentía más tranquila y parecía prevenir la aparición de nuevas crisis. Posteriormente tuvo que convencer a su marido para que se las arreglara solo con la compra, pues ella se veía incapaz de acudir al supermercado (sola o acompañada). Pepa perdió la oportunidad de consolidar su plaza como profesora debido a que no pudo ir a realizar un curso que necesitaba por el mero hecho de impartirse en una ciudad cercana y tener que desplazarse sola en autobús.

El trastorno

A veces, cuando una persona desarrolla un trastorno de pánico por la experiencia repetida de crisis de ansiedad, ocurre que tiende a tener las crisis con más frecuencia en determinados lugares (supermercados, cines, etc.). En esos casos es fácil que asociemos esos sitios con el hecho de tener una crisis de ansiedad –algo parecido al enchufe y el grito–, entonces puede ocurrir que "solucionemos" el miedo a tener una crisis de ansiedad evitando los lugares en los que pensamos que es más fácil que nos den las crisis. Dicha evitación nos puede llevar a problemas diversos y en tal caso habríamos desarrollado un trastorno fóbico que se llama agorafobia.

La persona con agorafobia puede evitar muchas y variadas situaciones, desde las ya mencionadas hasta otras menos evidentes según el significado literal del término[1] como: pasar por puentes, viajar en avión, utilizar ascensores, etc. En realidad, para el agorafóbico que ha tenido o tiene crisis de pánico, cualquier situación en la que pueda ser difícil escapar o conseguir ayuda si tiene una crisis se vuelve potencialmente peligrosa ante sus ojos.

No siempre la agorafobia está relacionada con el trastorno de pánico. En un número menor de casos, las situaciones descritas se evitan por miedo a otros elementos que nada tienen que ver con las crisis de pánico. Yo he tratado menos pacientes de este tipo, pero ahora recuerdo un joven que había tenido una experiencia muy desagradable viajando en autobús. Había bebido mucha agua antes de iniciar el viaje y cuando aún faltaba una hora para llegar al destino, comenzó a sentir cierta urgencia urinaria. El autobús no disponía de aseo y eso resultaba aún más agobiante

---

1. *Agora* es la plaza pública donde se reunían los griegos.

para el joven viajero. A medida que aumentaba la opresión en su vejiga, por su mente pasaba de todo: solicitar al conductor que parase y orinar en la carretera (lo que le producía una gran vergüenza), aguantar como pudiera hasta el destino, e incluso ¡orinarse encima! Finalmente llegó a su destino, pero con un gran dolor que luego le impidió orinar normalmente hasta pasadas unas horas. A partir de ese incidente comenzó a evitar beber agua antes de los viajes, evitaba los autobuses que no llevasen aseo, evitaba beber agua antes de entrar al cine y cada vez que se ponía nervioso tenía sensaciones de necesitar orinar (aunque luego eran falsas alarmas).

La clave del trastorno

La agorafobia se mantiene principalmente por *evitar* los lugares temidos. Es importante subrayar que las crisis de ansiedad *no se producen* por ir a esos lugares. Lo que ocurre es que en esos lugares se dan las circunstancias propicias para que se produzcan los síntomas que disparan la crisis. Síntomas que, por otro lado, son completamente inofensivos. A partir de ellos, ocurre la interpretación catastrófica de las sensaciones corporales, pero ahí comienza otro problema: el trastorno de pánico.

El hecho de evitar esas situaciones hace que el agorafóbico se vaya recluyendo más y más en un falso *círculo de seguridad*, llegando a quedarse aislado en casa (a veces por más de 20 años, como le había ocurrido a un paciente de nuestra clínica).

Fobia social

El caso de Vicente: "Soy incapaz de hablar en público"

Vicente era un señor con muchos años de carrera política a sus espaldas. Había desempeñado diversos cargos públicos en la administración local y autonómica. Realmente era una persona con don de gentes. Sin embargo, últimamente se veía incapaz de hablar en el pleno del ayuntamiento. Cada vez que se acercaba la fecha de un debate en el que tenía que participar, notaba una cierta intranquilidad o ansiedad anticipatoria. El día señalado lo pasaba francamente mal y le costaba mucho trabajo hilar su discurso (aunque su asesor le indicaba que no se le notaba nada). Sentía que se quedaba en blanco y la boca se le ponía reseca, sin saliva. No terminaba de entender muy bien por qué todo esto era así ahora. Indagando, acabamos situando el inicio de su problema el día en el que sin saber por qué se quedó en blanco en una intervención ante el pleno. Obtuvo de todos los presentes una gran carcajada y diversas bromas en los días posteriores. Aquellos días lo pasó francamente mal, llegando a pensar que estaba ante el principio del fin de su carrera política. Su ánimo mejoró posteriormente, pero permaneció el miedo a volver a quedarse en blanco en ese tipo de actos públicos.

El caso de Teresa: "No soporto los exámenes"

Teresa siempre había sido una chica relativamente tímida, aunque tenía buenos amigos. Desde que comenzó la universidad notó que le costaba más trabajo estar tranquila en los exámenes. Era una buena estudiante desde el colegio de educación primaria, trabajadora e inteligente. Lo que los demás llamaban una "buena niña", definición que siempre la había molestado un poco. De algún modo, establecía una relación entre cómo la valoraban los demás y cómo debía sentirse ella consigo misma. Posteriormente quedó claro que su ansiedad ante los exámenes tenía mucho que ver con la anticipación de un suspenso: "¡¿Qué pensarán los demás?!" –se recriminaba–. No es que estudiara para contentar a los demás, según decía, pero se ponía el listón muy alto y necesitaba aprobar a toda costa. Generalmente, acababa llorando tras algún que otro examen, y no era raro que en ese mismo examen luego sacara una de las notas más altas de la clase.

El trastorno

La fobia social es un trastorno de ansiedad que suele pasar desapercibido a las personas que lo padecen. Es habitual que achaquen la ansiedad a la propia situación social, sin entrar a cuestionarse sobre la relación que hay entre la situación social en sí –hablar con un profesor, pedir una cita a una chica atractiva o hablar ante un grupo de compañeros en clase o en el trabajo– y el grado de ansiedad experimentado.

A veces, simplemente nos catalogamos de tímidos y pensamos que "como siempre hemos sido así es que *debemos* ser así". Sin embargo, la fobia social no es lo mismo que la timidez. La persona tímida puede sentir ansiedad en algunas o muchas situaciones sociales pero dicha ansiedad no llega a convertirse en incapacitante, invalidante o insufrible. La persona tímida no sufre en exceso por su timidez. Se reconoce menos abierta que los demás pero eso no le supone un problema, ni le impide desarrollar su trabajo. Tal vez no prefiera como trabajo el cargo de relaciones públicas de una discoteca, pero puede desempeñarse bien y *ser feliz* (razonablemente) trabajando como bibliotecario u oficinista.

La persona que tiene fobia social ve que la vida social se le presenta de modo amenazante en un tipo concreto de situaciones (hablar en público o ligar, por ejemplo) o en muchas y variadas situaciones (iniciar o mantener conversaciones, comer, beber o firmar cheques en público, defender sus derechos ante abusos cotidianos de vendedores o "amigos con un poco de cara dura", etc.). Estas situaciones le producen una ansiedad que no cesa hasta que la situación ha pasado o bien ha escapado de ella.

Es relativamente frecuente que las personas que sufren fobia social teman que los demás se den cuenta de su ansiedad y por eso evitan con todas sus fuerzas sudar, enrojecer o temblar en público. De hecho, una paciente que tuve sólo salía de noche, porque así –según me explicó– si se le ponía la cara roja, la gente no podía verlo. Acudió a consulta porque se avecinaba la boda de su hermano y no veía la forma de entrar en la iglesia porque la boda era de día.

No es raro que las personas que tienen fobia social sufran simultáneamente trastorno de pánico. En ese caso, su temor a las crisis de ansiedad puede venir de una doble fuente: miedo a que los síntomas inofensivos sean el principio de algo realmente grave, y miedo a hacer el ridículo por tener una crisis de ansiedad en público.

La clave del trastorno

Un dato fundamental que debemos tener en cuenta es que todos los seres humanos, absolutamente todos, padecemos ansiedad en bastantes situaciones sociales, al menos al principio. Quienes padecen fobia social creen que, cuando experimentan ansiedad normal, en realidad es sólo el principio de otro episodio de malestar intenso en una situación social. En ese momento, en lugar de esperar "tranquilamente" a que pase el mal trago, que es absolutamente normal, comienzan con la preocupación sobre su ansiedad, sus síntomas, su sudor, su temblor de mano o su voz quebrada. Comienza la preocupación sobre la visibilidad pública de su malestar interno, expresada en pensamientos del tipo: "Lo estoy haciendo fatal, TODOS se van a dar cuenta" o "Soy patético". Generalmente, esta preocupación hace que aumenten más los síntomas que son expresión de la ansiedad que se está sintiendo (más sudor, más rubor facial, más tartamudeo...), lo que lleva a un mayor convencimiento de nuestra sensación de ridículo público.

La solución que se adopta para prevenir tan intenso malestar suele reducirse a tres opciones: escapar de esas situaciones, evitarlas o mantenerse tratando de distraerse como sea de lo que nos produce miedo. En ocasiones, también se recurre a tomar alcohol, tranquilizantes u otras sustancias para sentirse "más relajado" en esas situaciones sociales.

Esto lleva a no afrontar adecuadamente las situaciones sociales temidas y generalmente causa más problemas de los iniciales, además de aumentar la gravedad de la fobia social.

Fobias específicas

El caso de María José: "¡Me dan pánico las agujas!"

María José siempre tuvo miedo a todo lo relacionado con la sangre, las heridas, y, por extensión, dentistas y médicos. Era superior a sus fuerzas, como ella decía. Ver una aguja le producía pánico y sus piernas sólo le pedían correr y escapar de allí, tuviera ella 5, 15 ó 25 años –con 25 años ya le daba bastante vergüenza, pero aún así no podía evitarlo–. Siempre le había resultado muy costoso estar al día en sus vacunas y llevar un control aceptable de su salud, si para ello era necesaria la más mínima extracción sanguínea. Acudía a consulta porque ya no podía demorar más la concepción de su primer hijo. Le producía pánico tan sólo pensar en la posibilidad de recibir la inyección de anestesia. No quería ni hablar de que pudiese necesitar cesárea.

El caso de Francisco: "¿Y si tengo hepatitis tipo C?"

Francisco es un enfermero que se pinchó accidentalmente con una aguja que empleó para extraer sangre a un enfermo de hepatitis tipo C –un tipo de hepatitis que puede desembocar en cirrosis y muerte–. Se había hecho todos los análisis necesarios para estar seguro de no haber contraído la hepatitis, sin embargo, no podía dejar de estar pendiente de cualquier pequeña señal de haber contraído la enfermedad. Cuando notaba algún signo o síntoma inicial de hepatitis (o que a él le parecía así) se ponía extremadamente nervioso y necesitaba asegurarse de que no iba a más. La febrícula (fiebre baja) es un signo que estaba explorando continuamente. Llegaba a ponerse el termómetro unas 50 veces al día. Se miraba al espejo cada vez que pasaba delante de él para comprobar si tenía mala cara. Cuando comprobaba que no tenía fiebre se quedaba tranquilo, pero le duraba poco esa tranquilidad. Cualquier escalofrío o sensación extraña le llevaba a ponerse de nuevo el termómetro.

El trastorno

Las fobias específicas son miedos *irracionales y desproporcionados* ante determinadas situaciones (subrayo lo de irracional y desproporcionado). Generalmente, al entrar en contacto con la situación temida se produce una crisis de ansiedad similar a la que se experimenta en el trastorno de pánico o en la fobia social.

Los psicólogos distinguimos varios tipos de fobias específicas:

1. **Tipo animal:** Temor a determinados animales inofensivos.
2. **Tipo ambiental:** Temor a las tormentas, las alturas, las aguas profundas, etc., en circunstancias no peligrosas.

3. **Tipo sangre-inyecciones-daño:** Temor a la sangre o a ser objeto de intervenciones quirúrgicas o inyecciones, o sufrir daño, en general. Este temor resulta desproporcionado.
4. **Tipo situacional:** Miedo a volar, a los ascensores o a los espacios cerrados, por ejemplo.
5. **Otros tipos:** Cualquier otro tipo de temores, como por ejemplo situaciones que podrían provocar atragantamientos, vómitos o la adquisición de una enfermedad.

Es importante dejar claro que muchas personas tienen miedos irracionales o desproporcionados a determinadas situaciones que encajarían en alguno de los tipos fóbicos enumerados, pero esto no hace que podamos decir que se tiene una fobia específica. Para que podamos hablar de fobia en sentido estricto es fundamental que el malestar que generan los miedos sea lo suficientemente intenso o cree una alteración significativa de la vida cotidiana. Dicho de otro modo, tener miedo a los ratones no tiene por qué ser una fobia para un habitante de una gran ciudad –que difícilmente se topará con alguno– pero sí podría serlo para una persona que viva en el campo o para una persona que trabaja en un laboratorio con ratones y cobayas.

La clave del trastorno

Del mismo modo que ocurría en la fobia social o en el trastorno de pánico, la persona que sufre una fobia puede evitar o escapar de las situaciones que teme. Y entonces no viaja, si tiene que ir en avión o atravesar túneles en coche; no visita al médico cuando está enfermo, porque teme que le prescriba alguna inyección o análisis; no visita al dentista cuando siente molestias en la boca, porque teme el pinchazo de la anestesia y el daño que le podría causar la intervención (aunque ya esté anestesiado).

Evitar o escapar de estas situaciones es el elemento que mantiene el miedo, y a veces incluso lo incrementa. La lógica del asunto es relativamente sencilla: si temo mucho una situación y no la afronto, siento alivio quedándome tranquilo en casa; pero no compruebo que realmente no voy a sufrir tanto como me imagino, ni va a ser tan doloroso, ni tan desagradable, ni tan peligroso. Por otro lado, sí voy a tener la sensación de haberme librado de algo realmente doloroso, desagradable o peligroso, y eso hará que en el futuro pueda sentir aún más miedo ante la misma situación.

Trastorno obsesivo-compulsivo

El caso de María Dolores: "Podría contaminarme"

María Dolores es una señora de 36 años que trabaja como jefa de laboratorio en una empresa química. Desde hace un tiempo nota que se ha vuelto "más escrupulosa". Siente a menudo que se puede contaminar y que puede contaminar a otros. Esto le obliga a lavarse las manos cada vez con más frecuencia, llegando a los 30 lavados diarios. En su trabajo manipula sustancias químicas peligrosas que justifican adoptar ciertas medidas de precaución. No obstante, reconoce que su cautela va más allá de lo razonable y acude a consulta psicológica precisamente porque teme que los demás puedan "notar algo" y considerar que ella es "rara", lo que le impediría –según sus palabras– la promoción en su empresa. Cuando indagamos en su vida privada encontramos que esa "cautela" también se presentaba en casa: necesitaba lavarse las manos casi tantas veces como en el trabajo, la ducha duraba unos 30-40 minutos y debía seguir un orden concreto de modo estricto, cada lavado debía realizarse de un modo determinado para prevenir el contagio de gérmenes que podían quedar en el lavabo. En ocasiones, los lavados debían repetirse más de lo habitual, hasta lograr una sensación de descontaminación completa. Lo que más le angustiaba era verse encerrada en una situación absurda: sabía que no se estaba contaminando con nada, pero le producía tanta ansiedad no lavarse que se veía obligada a ello, una y otra vez.

El trastorno

Lo característico del trastorno obsesivo-compulsivo es, precisamente, la presencia de obsesiones y compulsiones. Las *obsesiones* son pensamientos o imágenes que se entrometen en nuestra cabeza de forma involuntaria y que no los sentimos como propios. Es frecuente que quien sufre las obsesiones las considere absurdas, cuando no descabelladas. Alguno de mis pacientes ha tenido obsesiones realmente angustiosas. Una madre amorosa de sus niños temía hacer daño a sus hijos cuando le venían imágenes en las que se veía a sí misma apuñalándolos. Tenía miedo de ser *realmente* una persona con instintos homicidas y estaba profundamente deprimida por tantos pensamientos de ese tipo. Cuanto más luchaba por quitarse esas ideas de la cabeza, más le venían; y se veía impotente para controlar sus pensamientos.

Otro de mis pacientes definió muy bien la esencia de las obsesiones. Para él, las obsesiones son como abejas que te aguijonean sin cesar, una tras otra o varias al mismo tiempo. "Cuanto más luchas por espantar a las abejas, más te atacan" –concluía–.

Los tipos de obsesiones que se pueden padecer son muy variados:

- **Obsesiones de tipo agresivo:** Miedo a dañar a otras personas, a uno mismo, a proferir insultos, blasfemias u obscenidades, miedo a cometer crímenes o aparecer como responsable de errores, fracasos o catástrofes, imágenes horribles o violentas, etc.
- **Obsesiones de contaminación:** Preocupación por los gérmenes, la suciedad o los productos químicos, preocupación por las secreciones corporales (orina, heces, saliva), preocupación por contraer enfermedades, etc.
- **Obsesiones de contenido sexual:** Miedo a ser homosexual, pedófilo o a cometer incesto, tener pensamientos sexuales considerados perversos o prohibidos y vivirlos con angustia.
- **Otros tipos:** Miedo a no hablar, recordar o pensar correctamente, necesidad de orden, exactitud o simetría, necesidad de coleccionar cosas inútiles, etc.

Es frecuente que además de las obsesiones, el paciente presente compulsiones. Las *compulsiones* son acciones o pensamientos que realizamos para neutralizar o anular las obsesiones, con el objeto de sentirnos menos angustiados. Al no tener las compulsiones una lógica razonable para erradicar las obsesiones, los actos compulsivos sólo alivian la ansiedad de forma transitoria.

Los tipos de compulsiones suelen estar relacionados con las obsesiones que se padecen. Así, cuando tenemos miedo a la contaminación, evitamos tocar objetos o personas que creemos pueden estar contaminadas y, si eso no es posible, necesitamos lavarnos de forma compulsiva. Algunas compulsiones frecuentes son: lavado de manos, comprobar puertas (ventanas, llave del gas, aparatos eléctricos, etc.), acumular objetos inservibles y rezar de forma compulsiva.

En algunos casos las compulsiones son múltiples y se deben realizar en un orden determinado para producir un mínimo de alivio. Esto es lo que llamamos un *ritual*. En este caso, la ducha diaria, por ejemplo, puede durar 40 ó 60 minutos, o más incluso, porque debe hacerse en una secuencia estricta y si se produce algún error, por pequeño que sea, se debe comenzar toda la secuencia desde el principio.

La clave del trastorno

Todas las personas podemos experimentar, en un momento u otro de nuestra vida, imágenes o pensamientos absurdos y que nos vienen de forma involuntaria. Ése no es el problema. La clave está en *cómo nos sentimos y qué hacemos* cuando nos vienen esos pensamientos y esas imágenes. En la medida en la que me creo esos pensamientos, me siento de un modo distinto que si los descarto como absurdos y transitorios. Me explico: si me viene a la mente la imagen violenta de apuñalar a mi hijo, yo puedo pensar que eso es absurdo, porque yo quiero a mi hijo y no soy ningún homicida. Puedo pensar, tras leer este libro, que ese tipo de imágenes vienen de forma involuntaria, generalmente en situaciones de cierta tensión, pero que no revelan nada sobre mi forma de ser o mis instintos reales. En ese caso, no llegará a convertirse ese pensamiento en obsesión, ni se hará repetitivo, ni generará malestar.

Pero si yo cuestiono mi forma de ser y dudo sobre si sería capaz de cometer dicho crimen, si doy crédito a esos pensamientos, si me involucro, entonces comienza a tomar forma toda la alteración obsesiva. Dedico más atención a esos pensamientos y esos pensamientos se refuerzan, como cuando te quieres quitar una canción pegadiza de la cabeza; cuanto más tratas de echarla u olvidarla, más te viene.

Las compulsiones comienzan como una forma inicial de aliviar el malestar que genera la obsesión ("Si tengo miedo a contaminarme, pues me lavo y ya está"). Y al principio funciona. Realmente me siento mejor tras hacer la compulsión. Pero eso sólo es el principio del problema. Posteriormente, gracias a que he dado crédito a mis obsesiones, éstas me pasan factura llegando a mi mente cada vez con más frecuencia. Porque cuanto más piensas en algo, más inevitable se hace seguir pensando en eso y tenerlo más presente. Conforme se consolida el trastorno obsesivo-compulsivo, el alivio de las compulsiones es cada vez menor y la necesidad de hacer más compulsiones aumenta sin producir alivio, llegando a ocupar cada vez más tiempo.

Trastorno por estrés postraumático

El caso de Juan: "Aquello fue un infierno"

Juan es camionero de profesión. Nunca había tenido ningún accidente de consideración hasta el verano pasado. Conducía su camión en un trayecto habitual cuando una rueda se reventó en mitad de una curva. El camión perdió su estabilidad y cuando quiso darse cuenta, Juan estaba dando vueltas de campana envuelto en llamas. Afortunadamente fue rescatado a tiempo y le trasladaron a un hospital cercano. Tras varias horas de operación, lograron salvarle las piernas, aunque debería hacer rehabilitación durante muchos meses. No estaba claro si volvería a poder conducir. En un primer momento no parecía que le fueran a quedar secuelas psicológicas del accidente, pero pasados unos meses comenzó a tener una serie de sueños angustiosos en los que recordaba las vueltas de campana y el fuego. Luego también le venían estas imágenes estando despierto y, pese a que intentaba no centrar la atención en ellas, le resultaba imposible apartar esas imágenes de su mente. Por otro lado, Juan evitaba cualquier conversación relacionada con los accidentes, no deseaba volver a montar en coche e incluso le resultaba penoso venir a la clínica en taxi. Cualquier cosa que le recordara el accidente le hacía sentirse realmente mal.

El trastorno

Los seres humanos a veces tenemos que hacer frente a hechos trágicos como los accidentes de tráfico, los atracos, las violaciones sexuales o los maltratos físicos de otras personas. Con menos frecuencia, afortunadamente –pero más de la que debiera–, también tenemos que afrontar ser secuestrados, o sobrevivir a la sinrazón de la guerra (con sus combates violentos, torturas, campos de prisioneros, etc.).

La exposición a hechos de esta naturaleza, en los que uno ha visto peligrar su vida, puede provocar lo que denominamos el *trastorno por estrés postraumático*. Este trastorno consiste en la reexperimentación de los hechos traumáticos (el accidente, la violación o la paliza casi mortal) mediante pesadillas repetitivas o recuerdos diurnos involuntarios y repetitivos de la tragedia a la que sobrevivimos. Cualquier cosa que nos recuerda el trauma sufrido, de forma directa o por asociación de ideas, suele desencadenar un estado de ansiedad intensa (por ejemplo, pasar por una calle que nos recuerda al lugar donde nos violaron). Por otro lado, las tragedias en las que percibimos que son responsables otras personas (atracos, violaciones, maltratos) pueden dar lugar a trastornos aún más graves y duraderos.

La persona que sufre este trastorno acaba evitando persistentemente todo cuanto le recuerda al acontecimiento traumático.

Intenta no pensar ni hablar sobre el suceso, evitando cualquier actividad, persona o situación que le pueda traer recuerdos. Se puede llegar a sentir embotamiento afectivo, alejamiento de los demás, disminución de interés y placer por las cosas agradables de la vida y dificultad para sentir intimidad, ternura y deseo sexual. La persona puede sentir que su vida ya no tiene sentido.

La ansiedad está muy presente en la vida cotidiana de una persona con estrés postraumático y se manifiesta como activación constante y elevada del organismo, problemas con el sueño, pesadillas repetitivas, vigilancia extrema del entorno, sobresaltos y a veces irritabilidad o dificultad para concentrarse.

La clave del trastorno

Lo ideal sería no tener accidentes, ni sufrir malos tratos, violaciones u otros acontecimientos en los que podamos ver nuestra vida en peligro. Pero, obviamente, eso no depende completamente de nosotros.

Una vez que se ha producido el trauma, lo importante es tener en cuenta que la vida tiene que seguir y que hay que mirar de frente a los recuerdos y a las pesadillas y a todo cuanto nos pueda recordar el trauma. Está demostrado que intentar no pensar, no recordar o evitar todo lo que pueda hacernos pensar en el trauma sufrido sólo puede complicar las cosas. Necesitamos un tiempo para recuperarnos físicamente si hemos sufrido lesiones. También necesitamos un tiempo para recuperarnos de los daños emocionales y psicológicos que hemos sufrido. Lo que parece claro es que antes o después conviene exponerse adecuadamente a los recuerdos perturbadores hasta llegar a no sentir la necesidad de evitarlos para mantenernos tranquilos. La vida nunca puede ser igual tras una violación sexual, por ejemplo, pero cuando se puede mirar de frente al agresor y a todos los recuerdos como algo que ocurrió, que fue desagradable, pero que ya pasó, entonces la vida sigue. La negación de los hechos sólo empeora las cosas.

Trastorno por estrés agudo

Este trastorno es exactamente igual que el trastorno por estrés postraumático salvo en una característica: la duración de los síntomas. En el trastorno por estrés postraumático la duración del cuadro de ansiedad es superior a un mes, mientras que en el trastorno por estrés agudo su duración es inferior.

Trastorno de ansiedad generalizada

El caso de Marina: "¡Podría pasar cualquier cosa!"

Marina, de 52 años, es ama de casa y madre de cinco hijos ya adultos. La relación con su marido ha perdido mucho con los años pero se resiste a iniciar la separación. Marina se ha preocupado en exceso por muchos motivos: sus hijos, su madre, sus nietos... Algunas frases típicas suyas son: "¿Ha llegado Joaquín?"; "¿Están bien los críos?"; "Llevad cuidado con el coche"; "No salgáis hasta muy tarde, que nunca se sabe qué puede pasar en la noche". El menor de sus hijos tiene ya 20 años y se ha acostumbrado a las continuas advertencias y sugerencias para prevenir males posibles. También se ha acostumbrado a llamarla por teléfono en mitad de la noche cuando sale con los amigos para informarle de que no pasa nada, que todo va bien. Marina reconoce que le resulta difícil dejar de preocuparse tanto por todos y por todo. Le resulta muy difícil concentrarse en otra cosa que no sean los peligros que acechan a los suyos, confundiendo con frecuencia el hecho de que un peligro sea *posible* con el hecho de que sea *probable*. Tiene dificultades para dormir y mucha tensión muscular acumulada. Se resistía a reconocer que lo suyo era un problema de ansiedad "porque los peligros son reales".

El trastorno

La ansiedad generalizada, o ansiedad flotante, es aquélla que no está focalizada en ninguna situación de las que hemos visto en los trastornos anteriores. En el trastorno de pánico se temen las crisis de ansiedad o los lugares donde es más fácil tenerlas, si se da con agorafobia. En la fobia social se temen las situaciones sociales y la crítica negativa de los demás. En las fobias específicas se temen situaciones concretas como los ascensores, las tormentas o los animales, por ejemplo. En el trastorno obsesivo-compulsivo se teme la contaminación, cometer errores o blasfemar, por citar algunas obsesiones. En el trastorno de estrés postraumático se temen los recuerdos del acontecimiento traumático.

En el trastorno de ansiedad generalizada no se teme nada en particular pero se teme todo al mismo tiempo. La persona que sufre este trastorno de ansiedad tiene una gran facilidad para preocuparse por muchas cosas y mucha dificultad para controlar las preocupaciones. No se limita la ansiedad a una o varias situaciones con cierta similitud entre sí, como ocurre en el resto de trastornos de ansiedad. Es como si siempre hubiera algo de lo que preocuparse: pequeños problemas en los estudios, el trabajo, o la relación de pareja, tener un accidente al salir de casa... En cualquier momento algo puede ir mal o puede pasar algo o no se está haciendo lo suficiente para asegurar la economía familiar (que, por otro lado, tampoco tiene ningún problema especial). Y además resulta imposible dejar de preocuparse por las pequeñas cosas de la vida.

Esta ansiedad constante se manifiesta, lógicamente, en síntomas como: dificultad para concentrarse, inquietud, fatiga, irritabilidad, tensión muscular o problemas para dormir.

La clave del trastorno

Las personas con ansiedad generalizada parecen poseer un radar muy sensible para detectar los problemas que pueden aparecer en cualquier momento. Es como si les costase adaptarse a la vida cotidiana, a sus cambios y a sus amenazas –continuas, pero poco probables–. Es cierto que existen los accidentes, las violaciones, las catástrofes económicas y el paro, pero eso no significa que debamos permanecer siempre en casa y no salir nunca por la noche a cenar o al cine.

La solución que adopta la persona con este trastorno es la preocupación intensiva. De hecho, esto le funciona en cierta medida debido a que la preocupación excesiva provoca un funcionamiento intensivo del hemisferio cerebral izquierdo (que soporta el pensamiento lógico y racional), y una cierta inhibición del hemisferio derecho, que se encarga de la formación de imágenes y que tiene más poder para causar alteración emocional. Es como si preocupándonos en exceso evitásemos en cierta medida imaginarnos las consecuencias de los temores básicos que vienen a nuestra mente. Pero esta solución sólo funciona en parte porque la preocupación intensiva genera síntomas físicos de ansiedad como tensión muscular, irritabilidad o problemas con el sueño. Y lo que es aún más importante: bajar el ritmo de preocupación nos permite imaginar mejor lo que tememos (las consecuencias del paro, la evolución de esos pequeños problemas del niño hasta que se hace drogadicto o delincuente, etc.).

El problema real al que se enfrenta una persona con ansiedad generalizada es distinguir lo que es *posible* de lo que es *probable*. En realidad, *todo* es posible. Podemos perder el trabajo, suspender un examen que llevamos bien estudiado, salir a la calle y ser atropellados en la puerta de casa... Todo es posible. Pero, ¿es *probable*? Ésa es la cuestión. No todo es probable. Muchas personas salen a la calle todos los días y muy pocas son atropelladas. Y no digamos el número de los que son atropellados ¡en la puerta del propio domicilio! Generalmente, los exámenes los aprueban los alumnos que los llevan mejor preparados y los suspenden los que no los llevan lo suficientemente bien preparados. Es cierto que algunos alumnos se ponen nerviosos y no pueden demostrar su conocimiento, pero muy pocos suspenden cuando deberían haber sacado la máxima nota. También podemos perder el trabajo e ir al paro pero, analizado en frío, ¿es eso realmente *probable*? Aquí puede que sea más difícil dar una respuesta; depende de la estabilidad laboral que nos otorgue nuestro contrato, de las condiciones laborales de nuestro sector, de la situación económica actual, etc.

Otros trastornos de ansiedad

Algunas enfermedades médicas como el hipertiroidismo –una alteración de la glándula tiroidea– o la enfermedad de Parkinson, pueden producir síntomas parecidos a los trastornos de ansiedad descritos. En unos casos la enfermedad médica será la causa única de esos síntomas y en otros el trastorno de ansiedad se presentará simultáneamente con la enfermedad médica.

Los síntomas de ansiedad también pueden aparecer en otros trastornos psicológicos como la tartamudez, la anorexia y bulimia, el trastorno dismórfico corporal, la hipocondría, el trastorno esquizotípico de la personalidad, un trastorno generalizado del desarrollo o un trastorno psicótico.

Por otro lado, el consumo de determinadas drogas, medicamentos o sustancias como la cafeína, puede provocar trastornos de ansiedad similares a los que hemos revisado en este capítulo. Estas sustancias pueden ser la causa única de los síntomas de ansiedad; en tal caso, la ansiedad desaparece cuando nuestro cuerpo elimina (metaboliza) los restos de esa sustancia. Pero estas sustancias también pueden desencadenar un trastorno de ansiedad que se mantenga incluso cuando ya no hay restos de la sustancia en nuestro organismo. Esto ocurre con cierta frecuencia en el trastorno de pánico; a partir del consumo de cafeína en dosis altas llegan a producirse de forma inesperada los primeros síntomas de una crisis de ansiedad. A partir de ahí pueden ocurrir nuevas crisis sin consumo de cafeína previo, estableciéndose un auténtico trastorno de pánico.

Trastornos adaptativos

A veces los síntomas de ansiedad se producen como consecuencia de agentes estresantes tales como un despido laboral, la ruptura de una relación sentimental o problemas familiares de reciente aparición. En este caso los síntomas de ansiedad dan lugar a lo que denominamos *trastorno adaptativo con ansiedad*. Para realizar ese diagnóstico es necesario que la ansiedad constituya una fuente de malestar importante sin que se alcance la intensidad para convertirse en un trastorno de ansiedad de los descritos anteriormente. Cuando además de síntomas de ansiedad también se dan síntomas depresivos, como la tristeza o la apatía acusada ante las actividades que antes resultaban placenteras, entonces hablamos de *trastorno adaptativo mixto con ansiedad y estado de ánimo depresivo.*

2

EL MECANISMO DE LA ANSIEDAD

> **En este capítulo:**
> - Conocerás los factores que intervienen cuando sentimos ansiedad.
> - Aprenderás cómo se manifiesta la ansiedad a través del cuerpo, los pensamientos y las acciones.
> - Comprenderás cómo se relacionan los síntomas de la ansiedad entre sí y con las situaciones de la vida cotidiana.

En el capítulo anterior se expusieron los distintos modos de causar malestar que tiene la ansiedad. En este capítulo vamos a profundizar en el mecanismo de la ansiedad. El primer paso para eliminar la ansiedad perjudicial consiste, precisamente, en identificar qué factores influyen en el hecho de que una persona pueda experimentar ansiedad en circunstancias en las que los demás seres humanos no suelen experimentarla.

Los psicólogos distinguimos cuatro grandes factores para comprender el mecanismo de la ansiedad:

1. Las *situaciones* que desencadenan las respuestas de ansiedad.
2. El *organismo*, o ser humano que experimenta la ansiedad en una situación determinada.
3. La *respuesta de ansiedad* en sí misma.
4. Las *consecuencias* de la respuesta de ansiedad.

En la Ilustración 2 puedes ver una representación de la relación que se establece entre cada uno de estos factores.

Ilustración 2. El mecanismo de la ansiedad.

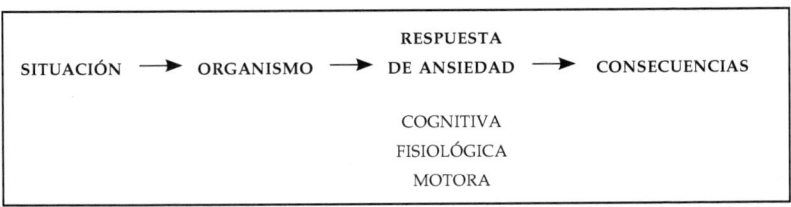

Lo que viene a representar dicho esquema es que, ante una determinada situación, una persona que tiene unas determinadas características, puede experimentar una respuesta de ansiedad –que se manifiesta en tres niveles distintos: pensamientos, sensaciones corporales y comportamientos observables– y tiene unas consecuencias que pueden hacer que se perpetúe el problema de ansiedad.

Veamos a continuación con mayor detalle cada uno de los elementos que debemos de tener presentes para superar la ansiedad.

Situaciones desencadenantes de ansiedad

Casi siempre hay alguna situación concreta en la que típicamente se experimenta ansiedad. Estas situaciones suelen variar de unas personas a otras y de unos trastornos de ansiedad a otros. En la Tabla 3 podemos ver algunas de las situaciones que suelen desencadenar respuestas de ansiedad con bastante frecuencia.

Tabla 3. Algunas situaciones que desencadenan ansiedad.

- Ir a lugares concurridos
- Montar en ascensores
- Permanecer en una cola o guardar nuestro turno
- Hablar en público
- Realizar exámenes
- Ser observado
- Recibir críticas
- Hablar con una persona atractiva o con autoridad
- Comer o beber delante de otros
- Viajar en avión
- Ver sangre o heridas
- Tocar objetos
- Tomar decisiones
- Acudir a entrevistas de trabajo
- Tomar conciencia de problemas menores de la vida cotidiana

Las situaciones pueden causar temores muy específicos y no son exclusivas de ningún trastorno. Esto significa que tener miedo a una situación no "obliga" a tener miedo a otras situaciones que pueden estar relacionadas. Esto es, una persona puede tener miedo de hablar en público, pero no tener miedo a la hora de abordar a una persona que le resulta atractiva. Obviamente puede temer ambas situaciones de forma simultánea. El criterio para determinar la gravedad de un trastorno de ansiedad no es el número de situaciones temidas tomado de modo aislado, sino más bien la repercusión que tiene en la vida de la persona el sentir ansiedad, en qué medida le altera la vida cotidiana, laboral, personal o académica y en qué medida sufre como consecuencia de la ansiedad.

Tal vez algún lector puede pensar que en su caso no existe ninguna situación que le produzca ansiedad. Si éste es tu caso, debo darte la razón. Hay personas que no experimentan ansiedad ante una *situación* determinada. Desde luego, éste es un buen argumento en contra del título de este apartado. Por esto, técnicamente hablamos de *estímulos que desencadenan la ansiedad*. Los psicólogos preferimos la palabra "estímulo" porque de este modo es más fácil incluir todo lo que puede desencadenar la ansiedad: situaciones, recuerdos, sensaciones corporales inofensivas, etc. Consideramos "situaciones" ir al supermercado, hablar con un desconocido o ver una inyección lista para ponernos la anestesia. También consideramos "situaciones" otras respuestas similares a las de la ansiedad que pueden ocurrir como consecuencia de otros procesos inofensivos. A veces lo temido es que noten que nos ponemos nerviosos y entonces las propias respuestas de ansiedad (como el enrojecimiento de la cara) actúan como desencadenantes de más ansiedad. En la Tabla 4 podemos ver algunas respuestas que desencadenan otras respuestas de ansiedad.

Como hemos podido comprobar, existen tantas respuestas que pueden provocar ansiedad que no podemos pasar por alto ese tipo de estímulos. De hecho es muy importante aprender a reconocer los estímulos internos que nos producen ansiedad porque suelen ser sutiles a veces y se tienden a pasar por alto. En la tabla que acabamos de ver aparecen muchas de las respuestas que típicamente inician la ansiedad en el trastorno de pánico, la fobia social, el trastorno de estrés postraumático y el trastorno obsesivo-compulsivo.

Tabla 4. Algunas respuestas que pueden producir ansiedad.

- **Respuestas fisiológicas:**
  - Palpitaciones
  - Taquicardia
  - Opresión en el pecho
  - Dificultad para respirar
  - Enrojecimiento de la cara
  - Sensación de vejiga urinaria llena
- **Respuestas cognitivas:**
  - Recuerdos de un accidente, violación sexual o maltrato
  - Pensamientos blasfemos, dudas sobre la orientación sexual, dudas sobre si se han cerrado puertas, ventanas, llaves del gas, etc.
  - Percepción de uno mismo como raro o distante de la realidad
  - Imágenes violentas o de contenido agresivo
- **Respuestas motoras:**
  - Temblor de manos
  - Dificultades para hablar
  - Debilidad en las piernas

El organismo ante la situación

Todas las personas no somos iguales. Bueno, sí somos iguales en cuanto a los derechos humanos y todos *deberíamos* ser iguales ante la ley con independencia de género, raza, ideología, orientación sexual o creencias religiosas. Pero no todos somos iguales ante la ansiedad.

La tendencia a padecer ansiedad se hereda en cierta medida. No se hereda un trastorno de ansiedad en concreto, pero sí parece heredarse una cierta *reactibilidad fisiológica* o tendencia a padecer con relativa facilidad taquicardias, tensión muscular excesiva o hiperventilación, entre otros de los síntomas ansiosos que veremos en detalle en el apartado siguiente. Al heredar la facilidad para reaccionar fisiológicamente es más fácil que *apren-*

damos reacciones de alarma ante situaciones o circunstancias que otras personas interpretan como inofensivas.

Por otro lado, esta "reactibilidad fisiológica" es insuficiente para que una persona desarrolle un trastorno de ansiedad o problemas derivados de la ansiedad. Los trastornos de ansiedad *se aprenden*. La facilidad para reaccionar de forma fisiológica facilita que aprendamos a sentir ansiedad ante situaciones o estímulos inofensivos. Pero los problemas con la ansiedad surgen cuando uno siente ansiedad en determinadas situaciones y posteriormente llega a anticipar que sentirá ansiedad de nuevo en esa situación. Una persona tiene una crisis de ansiedad en un supermercado y luego tiene miedo a volver al supermercado, *por si le repite* la crisis de ansiedad. Un político se queda en blanco un día cuando se dispone a hablar ante el pleno del ayuntamiento y a partir de ahí le pone nervioso dirigirse al resto de concejales en la cámara (*por si se queda en blanco de nuevo y se ríen*). Éste es el tipo de aprendizaje al que me refiero.

Otro tipo de aprendizaje que también tiene un papel importante en el desarrollo de los problemas de ansiedad es el aprendizaje *a partir de las consecuencias de nuestra conducta*. En determinadas circunstancias acabamos teniendo un problema de ansiedad porque escapamos de o evitamos las situaciones o las sensaciones que nos atemorizan. Escapar o evitar contribuye a que *aprendamos* que podemos reducir el malestar mediante ese comportamiento, porque nos sentimos mejor cuando abandonamos la situación que nos está poniendo ansiosos o nos distraemos de las sensaciones o recuerdos que nos hacen sentir ansiedad. Sin embargo, ese alivio es sólo momentáneo y es característico que muchas personas sientan más ansiedad anticipatoria cuando deben enfrentarse de nuevo a la situación evitada o de la que escaparon.

A veces mis pacientes me han preguntado si el hecho de padecer ansiedad se debe a que se es menos inteligente que los demás. Mi experiencia como psicólogo me demuestra que las personas con ansiedad suelen ser inteligentes y sensibles, y creo que son precisamente estas cualidades las que tienen que darse para, en combinación con la reactibilidad fisiológica, *aprender* "inadecuadamente" a sentir ansiedad ante situaciones o estímulos inofensivos.

Afortunadamente, que haya una predisposición genética a sentir ansiedad no significa que nada podamos hacer para superar ésta. Recordemos que el problema de la ansiedad se origina a través del aprendizaje. Por tanto, en teoría, es posible *aprender* nuevas formas de afrontar la ansiedad cotidiana. Por otro lado, en la práctica, superar la ansiedad es posible; yo lo veo con frecuencia en mis pacientes. Especialmente en aquellos que luchan con determinación por superarse y para superar definitivamente su ansiedad.

Además de nuestra facilidad para sentir nerviosismo ante situaciones, sensaciones o recuerdos inofensivos, nos diferenciamos los seres humanos en nuestra experiencia vital y en la capacidad de afrontamiento que hemos ido desarrollando con los años y la experiencia. En este complejo mundo que nos ha tocado vivir es importante tener una buena base de autoestima y unas adecuadas habilidades sociales.

La capacidad de valorarnos en lo que somos (o un poquito más) es lo que llamamos los psicólogos una *buena autoestima*. No se trata de pensar que uno es el "rey del mambo" o un ser perfecto, pero sí se trata de valorarse muy alto, entre otras cosas por ser un ser humano, con toda nuestra magia y nuestro potencial creador. No se trata de mostrarse vanidoso ante los demás ni creído de que uno es mejor que los demás. Generalmente actúan así las personas que no tienen una valoración muy positiva de ellas mismas. Se trata de ser indulgente ante nuestros puntos débiles y felicitarnos por nuestros puntos positivos. Indulgente con nuestras debilidades, pero comprometidos en un esfuerzo de superación personal cotidiano. Una buena autoestima se puede resumir en la siguiente frase: "Hoy valgo más que ayer y menos que mañana, pero *hoy valgo como persona.*" En el capítulo 10 veremos algunos trucos para potenciar una buena autoestima.

La capacidad para desenvolverse adecuadamente en la sociedad es muy deseable y ayuda a prevenir la ansiedad. Muchas personas sienten ansiedad porque no saben desenvolverse de acuerdo con las reglas y normas no escritas que dicta nuestra sociedad. Otras personas no saben cómo hacer frente a las personas manipuladoras con las que les toca relacionarse. Estamos en el dominio de la *asertividad,* que es la capacidad para manejar adecuadamente las diversas situaciones sociales, sin sumisión ni agresividad. Son muchas las situaciones en las que nos vemos obligados a tomar decisiones sobre nuestra forma de responder ante los demás y, en lo que a este tema toca, sólo hay tres modos de comportarse: de forma sumisa, de forma agresiva o de forma asertiva. La *sumisión* es ceder ante el otro para evitar conflictos. La *agresividad* supone enfrentarse al otro para eliminar la posible manipulación que intenta ejercer (consciente o inconscientemente). La *asertividad* es mostrarse de modo que no actuemos condicionados por la manipulación del otro: decir NO, si es lo que queremos decir; decir SÍ, cuando nos apetece decirlo; no prestar nuestro coche al vecino, si no queremos hacerlo; comprarnos el disco con la canción del verano si nos apetece, aunque a los amigos les parezca una horterada; etc. En el capítulo 12 aportamos algunos consejos que pueden ayudarnos a ser más asertivos.

Por último, otra gran diferencia entre unas personas y otras reside en el consumo de sustancias o fármacos que pueden alterar la química emocional. En el próximo capítulo desarrollamos con más detalle la repercusión de determinados alimentos, fármacos y drogas en las respuestas de ansiedad.

La respuesta de ansiedad

Es lo que ocurre en nosotros cuando tenemos "ansiedad", lo que llamamos los *síntomas de la ansiedad*. Esto incluye los pensamientos y las imágenes mentales atemorizantes (o *síntomas cognitivos*), las sensaciones físicas que se producen cuando estamos ansiosos o con miedo (o *síntomas fisiológicos*) y lo que los demás pueden observar en nosotros cuando estamos nerviosos (o *síntomas motores*).

La vida interior: síntomas cognitivos

Los *síntomas cognitivos* son los pensamientos y las imágenes mentales que vienen a nuestra cabeza cuando estamos ansiosos. Me refiero a esos pensamientos automáticos que típicamente nos vienen cuando estamos ante una situación atemorizante o notamos algo en nuestro cuerpo que nos asusta. Esa especie de diálogo interior que tenemos con nosotros mismos *justo antes* de que comiencen otros síntomas de la ansiedad de tipo fisiológico o motor.

Cuando Teresa, la chica que "no soportaba" los exámenes (ver pág. 40), llegaba a la clase donde iba a examinarse típicamente comenzaba a "hablar mentalmente" consigo misma. No se decía precisamente "guapa", sino más bien: "¿Qué pondrá este profesor en el examen? Seguro que me pregunta justamente la poesía de Machado. La verdad es que, aunque no me gusta demasiado la poesía, *debería* haber estudiado más ese tema. Machado es un poeta importante... Si es que *soy una vaga*. *Nunca* estudio lo suficiente. Esto me pasa porque en realidad *no valgo* para estudiar. Si me dedicara a trabajar en cualquier cosa, no tendría estos quebraderos de cabeza. La verdad es que *siempre* he sido y seré una *inútil*. *No valgo* para estudiar. La gente se va a dar cuenta de que *soy un fraude,* una mentira con patas". Como puedes ver, es difícil no ponerse nervioso pensando todo eso sobre uno mismo. Teresa se atacaba a sí misma de tal modo que era lógico que cada vez se sintiera más angustiada y más convencida de que iba a suspender. De alguna forma, repetirse mucho a uno mismo "no valgo, no valgo" tiene su efecto si nos dejamos convencer.

A veces, especialmente cuando hemos sufrido desde hace tiempo los síntomas de ansiedad, puede ocurrir que todo ese diálogo se condense en algunas palabras aisladas pero que, en el fondo, nos trasmiten con la misma fuerza toda su carga de ansiedad. Me refiero a esas palabras que a veces nos vienen de forma taquigráfica cuando estamos ante una situación determinada o notamos una sensación corporal temida.

Antonio, nuestro profesor universitario con miedo al infarto, comenzó con diálogos sobre el significado de su opresión en el pecho que le llevaban a creer que estaba sufriendo un infarto (ver pág. 32). Más tarde sólo venía a su mente la palabra "Infarto" cuando tenía un pinchazo en el pecho. La palabra de Rosa (pág. 33) era "Loca" cuando notaba la sensación de extrañeza ante sí misma y lo que le rodeaba. A Vicente (pág. 39) le venía la palabra "Ridículo" cuando tenía que hablar ante los demás concejales del pleno del ayuntamiento.

En realidad, estos síntomas de ansiedad son la clave auténtica de lo que viene luego. Esto es muy importante: cuando estamos en una situación determinada o recordamos o sentimos o imaginamos algo, *los pensamientos o imágenes mentales que nos ayudan a interpretar lo que pasa* y que tienen lugar *justo antes* de sentirnos mal, son los que contienen la clave de nuestra ansiedad. No nos sentimos ansiosos por las cosas que nos pasan o por las situaciones en las que nos encontramos, sino por la interpretación que hacemos de esas situaciones, sensaciones, recuerdos o imágenes mentales.

Si yo pienso que se van a reír de mí –y para mí es importante que no se rían de mí– es fácil que me sienta incómodo en algunas situaciones sociales como hablar en público o pedir una cita a una chica. Si además no quiero que se den cuenta de que estoy ansioso –porque para mí eso es señal de debilidad y no quiero que me consideren débil– es fácil que me ponga aún más nervioso si veo que comienzo a tartamudear o comienza a temblarme de forma visible la mano con la que sujeto mi discurso. La ansiedad se dispara cuando tomo conciencia de que me estoy atrancando en el discurso o me está temblando la mano: "Lo están viendo. ¡Esto es un desastre! Se darán cuenta de que me estoy poniendo mal. No soporto que me vean débil". Todo ese diálogo que tengo conmigo, me lleva a distraerme de lo que hago, a cometer más errores y a tomar conciencia de que lo estoy haciendo peor aún.

La persona que sufre una crisis de ansiedad experimenta algo similar, aunque cambiando algunos elementos. Comienza a tener un síntoma inofensivo fruto del estrés (opresión en el pecho, dificultar para respirar, vértigo, extrañeza con respeto a sí o al entorno, etc.) y sus pensamientos se disparan por la vertiente de la catástrofe: "Me va a dar un infarto", "Me estoy ahogando", "Si me caigo podría abrirme la cabeza y morir desangrado", "Me estoy volviendo loco"... Todas estas interpretaciones catastróficas llevan a la ansiedad: ¡Nadie puede quedarse tranquilo si piensa que se está muriendo, ahogando o volviendo loco!

Quienes padecen fobias específicas experimentan algo parecido, aunque cambiando también algunos elementos. Una sensación vaga de malestar se transforma en una experiencia terrible si pensamos que podría ser el principio de un contagio de hepatitis C (enfermedad que puede complicarse y matarnos). La visión de una jeringuilla es horripilante cuando "vemos con total claridad" que nos dolerá infinitamente. Volar en un avión es lo menos apacible que podemos imaginar si en nuestra mente lo vemos como el episodio final de "Catástrofe en el aire sin supervivientes".

Utilizar un aseo público puede ser poco recomendable a veces, pero se convierte en una misión imposible si pensamos que nos vamos a contagiar de cáncer con una seguridad del cien por cien, aun sabiendo que el cáncer no se contagia.

Éste es el papel que juegan los pensamientos y las imágenes mentales en la ansiedad. Por otro lado, si no pensáramos que la situación o nuestras sensaciones o recuerdos son peligrosos, no tendríamos ansiedad, como así ocurre cuando no tenemos esas sensaciones ni recuerdos o no estamos en las situaciones temidas.

En la Tabla 5 puedes ver algunos de los síntomas cognitivos más característicos de cada trastorno de ansiedad.

Tabla 5. Síntomas cognitivos de la ansiedad.

Trastorno de ansiedad	Síntomas cognitivos
Trastorno de pánico (con/sin agorafobia)	Notar que la calle de tu domicilio de siempre no es la misma. Verte distinto, raro, como separado de ti mismo. Pensar: • "Estoy teniendo un infarto" • "Me estoy volviendo loco" • "Me desmayaré"
Agorafobia (sin trastorno de pánico)	Pensar: • "¿Y si no tengo donde orinar?" • "¿Y si me da diarrea en el cine?"
Fobia social	Pensar: • "Lo estoy haciendo fatal." • "Están viendo que me pongo rojo." • "Notará que estoy nervioso cuando toque mi mano fría y pegajosa."
Fobias específicas	Pensar: • "Me hará daño la aguja." • "El ascensor podría estropearse." • "¿Y si cae un rayo en mi casa?"
Trastorno obsesivo-compulsivo	Pensamientos e imágenes no deseados: • "Me voy a contaminar" • "¿Habré cerrado la llave de la puerta?" • "¿Soy homosexual?" • Rezar, contar o repetir palabras en silencio.
Trastorno por estrés postraumático	Recuerdos recurrentes del acontecimiento que vienen de forma involuntaria. Pesadillas. Creer que "todo" (el acontecimiento traumático) está sucediendo de nuevo. Pensar: • "Nunca podré llevar una vida normal." • "¿Y si me violan de nuevo?"
Trastorno de ansiedad generalizada	Preocupación excesiva y difícil de controlar sobre muchos temas: • "¿Y si suspendo?" • "¿Y si tiene un accidente?" • "¿Y si me abandona?"

Manifestaciones corporales: síntomas fisiológicos

La ansiedad y el miedo se manifiestan corporalmente a través de numerosos síntomas: tensión muscular, palpitaciones, taquicardia, elevada tasa de respiración, mareos, náuseas, sequedad de boca, sudor, temblores, enrojecimiento en la cara, escalofríos, oleadas de calor, dificultad para dormir, dolores de cabeza, cuello o espalda, fatiga, diarrea, etc. Afortunadamente todos estos síntomas no se presentan simultáneamente.

Algunos de estos síntomas (especialmente la tensión muscular y la tasa alta de respiración) se pueden producir también como consecuencia de un estrés mantenido en el trabajo, los estudios o cuando pasamos por diversas alteraciones familiares, de pareja o personales. Digamos que esa tensión emocional mantenida puede traducirse muchas veces en tensión muscular que, a su vez, puede dar lugar a diversas alteraciones de salud como el colon irritable, el estreñimiento crónico, los dolores de cabeza crónicos, etc. Esa tensión muscular mantenida también puede alimentar la tensión emocional que la provocó y contribuir a la aparición o al empeoramiento de los trastornos de ansiedad que comentamos en el capítulo anterior.

La tasa elevada de respiración, o *hiperventilación*, tiene también un papel importante en el origen y mantenimiento del trastorno de pánico. Como consecuencia de la tensión emocional mantenida, en ocasiones se produce un aumento leve del número de inspiraciones por minuto que provoca una elevación del nivel de oxígeno en la sangre. Esto se puede traducir, en algunas personas, en diversos síntomas como la taquicardia, el mareo, el vértigo, la sensación de extrañeza o separación de uno mismo o del entorno cotidiano. Estos síntomas, que se originan como una respuesta al estrés diario, pueden ser malinterpretados por algunas personas como síntomas de algo grave (infarto, desmayo inminente o pérdida de la cordura) y entonces dan lugar a las crisis de pánico. Se calcula que cerca del 40% de la población "normal" ha tenido o tendrá al menos una crisis de pánico en su vida.

En la Tabla 6 puedes ver algunos de los síntomas fisiológicos de la ansiedad clasificados por trastornos de ansiedad. Como observarás, muchos de los síntomas se repiten en diversos trastornos. Esto es porque la ansiedad tiene una manifestación fisiológica similar en todos los trastornos de ansiedad, aunque cambian las situaciones y los pensamientos que desencadenan la ansiedad.

Tabla 6. Síntomas fisiológicos de la ansiedad.

Trastorno de ansiedad	Síntomas fisiológicos
Trastorno de pánico (con / sin agorafobia)	Palpitaciones, sacudidas del corazón o elevación de la frecuencia cardiaca, sudoración, temblores o sacudidas, sensación de ahogo o falta de aliento, sensación de atragantarse, opresión o malestar en el pecho, náuseas o molestias abdominales, inestabilidad, mareo, desmayo, sensación de entumecimiento u hormigueo, escalofríos o sofoco.
Agorafobia (sin trastorno de pánico)	Urgencia urinaria o defecatoria, y, en general, todo malestar corporal que no esté relacionado con los síntomas del trastorno de pánico.
Fobia social	Enrojecimiento de la cara y, en determinadas situaciones, todos los síntomas fisiológicos del trastorno de pánico.
Fobias específicas	Todos o cualquiera de los síntomas fisiológicos del trastorno de pánico.
Trastorno obsesivo-compulsivo	Inquietud, irritabilidad, tensión muscular.
Trastorno por estrés postraumático	Dificultades para conciliar o mantener el sueño. Irritabilidad. Respuestas exageradas de sobresalto.
Trastorno de ansiedad generalizada	Inquietud, fatigabilidad fácil, irritabilidad, tensión muscular, alteraciones del sueño.

Lo que observan los demás: síntomas motores

Cuando estamos ansiosos los demás notan muchos menos síntomas en nosotros de lo que pensamos. Esto es especialmente cierto para las personas que padecen fobia social, que piensan que todo el mundo se está dando cuenta de lo nerviosos que están. Nada más lejos de la realidad.

Los demás pueden ver que tartamudeamos un poco, que nos tiemblan las manos, que nos movemos de un lado para otro con inquietud, que discutimos o estamos irritables, que nos lavamos o comprobamos la puerta más de la cuenta. Todo esto son expresiones de ansiedad que se dan en los distintos trastornos y que las personas experimentan con cierta frecuencia. Pero si hay un síntoma motor que está presente en las mayoría de las personas que padecen ansiedad, éste no es otro que la evitación o el escape de las situaciones que les ponen ansiosos o que les recuerdan sus preocupaciones, obsesiones o traumas.

Escapar de o evitar las situaciones temidas son dos síntomas omnipresentes y que tienen un papel fundamental para que se mantenga el problema de ansiedad que venimos sufriendo. Si los pensamientos y las imágenes mentales tienen una gran importancia a la hora de sentir ansiedad, evitar las situaciones que producen ansiedad –o escapar de ellas– tienen un papel determinante para que continuemos sintiendo ansiedad en esas situaciones. Por esto es fundamental aprender a manejar adecuadamente los pensamientos y las imágenes que nos vienen automáticamente a la mente. Afrontar en la vida cotidiana las situaciones que tendemos a evitar o de las que solemos escapar es el último paso que debemos dar para superar definitivamente la ansiedad.

En la Tabla 7 puedes ver los principales síntomas motores de la ansiedad agrupados por trastornos de ansiedad.

Tabla 7. Síntomas motores de la ansiedad.

Trastorno de ansiedad	Síntomas motores
Trastorno de pánico (con/sin agorafobia)	Evitar o escapar de las situaciones en las que piensas que podrías tener una crisis de ansiedad. Evitar o dejar de hacer las actividades que te provocan síntomas fisiológicos temidos (taquicardias, ahogo, opresión en el pecho, etc.), por ejemplo: hacer deporte o mantener relaciones sexuales.
Agorafobia (sin trastorno de pánico)	Evitar o escapar de las situaciones temidas.
Fobia social	Evitar o escapar de las situaciones temidas. Tartamudeo o dificultad para hablar. Temblores visibles de manos u otras zonas del cuerpo.
Fobias específicas	Evitar o escapar de las situaciones temidas.
Trastorno obsesivo-compulsivo	Evitar o escapar de las situaciones temidas. Lavado de manos, puesta en orden de objetos, comprobaciones.
Trastorno por estrés postraumático	Evitar o escapar de las situaciones, personas u objetos que recuerdan el acontecimiento traumático.
Trastorno de ansiedad generalizada	La inquietud puede mostrarse como tocamientos repetitivos del cabello, tamborileo de dedos, dificultad para permanecer sentado, etc. La irritabilidad también puede expresarse de forma visible a los demás (discusiones, quejas, etc.).

Las consecuencias de la respuesta de ansiedad

Cuando una persona siente ansiedad en una situación determinada o ante unas sensaciones corporales, pensamientos o recuerdos es lógico que desee reducir ese malestar. No obstante, no todo vale para reducir el malestar, si realmente deseamos llevar una vida plena y tener la posibilidad de completar nuestro desarrollo como seres humanos.

Los psicólogos estudiamos las consecuencias de las conductas de las personas atendiendo al esquema presentado en la Tabla 8. Esto significa que todas las conductas pueden tener consecuencias para mí, para mi familia o para otras personas, y estas consecuencias pueden ser a corto o largo plazo. Esas consecuencias, además, pueden ser positivas o negativas.

Tabla 8. Consecuencias de una conducta.

CONSECUENCIAS	A corto plazo	A largo plazo
Para mí	Positivas	Negativas	Positivas	Negativas
Para mi familia	Positivas	Negativas	Positivas	Negativas
Para los demás	Positivas	Negativas	Positivas	Negativas

Las consecuencias de la conducta desempeñan un papel muy importante en el aprendizaje y mantenimiento de los problemas de ansiedad, como vimos en el apartado "El organismo ante la situación" (pág. 63). Veamos algunos ejemplos:

1. Tengo una crisis de pánico en el supermercado y me marcho. Al salir, me siento aliviado.
2. Me piden que hable ante los vecinos de la comunidad. Re-cuerdo que la otra vez me sentí muy mal y llegué a tartamudear. El vecino del segundo se dio cuenta y lo comentó con mujer. Digo que no podré asistir porque tengo un compromiso en el trabajo. Y me siento aliviado cuando dejan de insistir. (La excusa, por otro lado, es completamente falsa).

3. Al tocar el pomo de la puerta del portal del piso, siento que podría haberme contagiado de cáncer. No logro quitarme esa idea de la cabeza hasta que me lavo las manos. Sólo siento alivio a partir del tercer lavado.
4. Para ir de vacaciones tenemos que ir en coche, pero me da pánico viajar desde el accidente. "Convenzo" a mi mujer para no salir de vacaciones. Me siento aliviado.
5. No soporto la idea de que mi hijo pudiera tener un accidente. Le prohíbo que salga con sus amigos en el fin de semana. Disminuye mi sensación de angustia.
6. No soportaría que me diera una crisis de pánico más en el supermercado. Ruego a mi mujer que vaya ella a hacer la compra. Me siento aliviado.

La lista podría seguir durante muchas páginas más. Pero al final te diría, igualmente, que las cosas que hacemos para sentir alivio contienen muchas veces la esencia de nuestro problema de ansiedad. El alivio que sentimos cuando hacemos algo para cortar la ansiedad –o para evitar llegar a sentirla– es una consecuencia muy poderosa que nos lleva a aprender cómo manejar (erróneamente) esa ansiedad.

Puede que pienses: "Si hago algo y me siento mejor, ¿qué problema hay?". Buena pregunta. Este libro pretende enseñarte conductas alternativas para superar realmente la ansiedad. Desde luego que es importante realizar aquellas conductas que nos hacen sentir mejor. La cuestión reside en qué tipo de conductas nos hacen sentir mejor y, lo que es aún más importante, cuánto dura el bienestar.

El problema de las conductas que hemos puesto como ejemplo más arriba es que *a corto plazo* nos hacen sentir mejor, pero *a largo plazo* resultan inútiles o perjudiciales. Veamos por qué:

1. Si salgo del supermercado en plena crisis de pánico, me sentiré aliviado *a corto plazo*. A largo plazo, será más fácil que piense que el supermercado me provoca crisis de pánico y que es un lugar peligroso. Es probable que trate de convencer a otros para que vayan por mí a hacer la compra. Los demás puede que no estén dispuestos a ir *siempre ellos*.

2. Poner una excusa para no asistir a la reunión de vecinos me reporta alivio *a corto plazo*. A largo plazo, puede hacer que los demás me vean como despreocupado por los problemas de la comunidad, como un tipo poco sociable y antipático. Es probable que llegue a mis oídos que me llaman "El raro del 1ºB" y eso puede hacer que dejen de llamarme para las reuniones de vecinos o que sienta aún más ansiedad cuando me llamen de nuevo.

3. Sé que tocar el pomo de la puerta del portal del piso no es una vía de contagio de cáncer. Entre otras razones, porque el cáncer no se contagia. El lavado de manos me hace sentir tranquilo *a corto plazo*, pero esa tranquilidad dura poco. La primera vez que me asaltó la idea de haberme contagiado fue suficiente con un lavado. Progresivamente he necesitado aumentar los lavados y el modo de hacerlos se ha hecho más laborioso. Ahora ya necesito tres lavados en un orden concreto. ¿Cuántos podría acabar necesitando a largo plazo? (Un paciente mío llegó a los ¡70 lavados diarios!)

4. Me siento aliviado por no tener que coger el coche, que tan malos recuerdos me trae. No salir en él de vacaciones me hace sentir alivio *a corto plazo*. Pero, ¿hasta cuándo podré "convencer" a mi mujer de que es mejor no viajar en

vacaciones, como hemos hecho toda la vida (con auténtica pasión)? Hay parejas que se adaptan y parejas que no se adaptan a estos cambios.

5. Dejar a mi hijo en casa sin salir durante el fin de semana –como todos sus amigos– me reporta tranquilidad *a corto plazo*. ¿Hasta cuándo se mantendrá esa situación artificial? ¿Qué repercusiones tendrá a largo plazo la sobreprotección de mi hijo? ¿Acabaré prohibiéndole todo aquello que me pueda hacer sentir intraquilo? ¿Tengo límites en mi capacidad de preocuparme? Probablemente no.

La tranquilidad seductora de la evitación o el escape de situaciones que nos producen ansiedad conlleva a menudo problemas *a largo plazo*. Entre otras cosas porque llegamos a perder el contacto con la realidad de las amenazas que nos acechan. Acabamos temiendo los estímulos más inofensivos que se puedan imaginar. Por otro lado, el escape de estas situaciones nos hace pensar –erróneamente– que la ansiedad hubiera subido más y más, sin límite, hasta el infinito. Al no quedarnos allí para comprobarlo, nos quedamos sin saber que nuestro cuerpo no puede ponerse más ansioso de un límite alto, pero inofensivo y tolerable si se afronta la situación adecuadamente. La evitación tiene un efecto similar, pues no nos permite averiguar qué hubiera ocurrido en la situación temida, y entonces acabamos concluyendo que habría ocurrido lo peor. La siguiente vez que se nos presente una situación similar es probable que pensemos: "¿Para qué ir a comprobar que lo pasaré realmente mal?". Y en ese caso ya no podemos comprobar cómo es la realidad.

Definitivamente, enfrentarse a las situaciones temidas es fundamental para superar la ansiedad y el miedo, pero considera este paso como el último a dar para afrontarlos adecuadamente.

Por ello volveremos sobre esta cuestión hacia el final del libro, en el último capítulo. Antes debemos conocer más sobre la ansiedad en tu caso particular y aprender algunos trucos para hacer más fácil el enfrentarse cara a cara con lo que tememos.

En la Ilustración 3 podemos contemplar la ubicación de los elementos comentados en el esquema general del análisis funcional de la ansiedad.

EL MECANISMO DE LA ANSIEDAD

Ilustración 3. Análisis funcional de la ansiedad.

ESTÍMULO	ORGANISMO	RESPUESTA	CONSECUENCIAS
Situaciones: - Ir a supermercados - Utilizar ascensores - Guardar colas en el banco - Hablar en público - Realizar exámenes - Ser observado - Recibir críticas - Hablar con una persona atractiva o con autoridad - Comer o beber delante de otros - Volar en avión - Ver sangre o heridas - Tocar decisiones - Asistir a entrevistas de trabajo - Etc. **Otras respuestas:** - Fisiológicas - Cognitivas - Motoras	- Aprendizajes previos - Asertividad y otras habilidades - Enfermedades físicas - Fármacos y drogas - Antecedentes familiares	**Fisiológicas:** - Taquicardia, palpitaciones - Temblores, náuseas - Molestias estomacales - Sensación de ahogo - Opresión en el pecho - Mareos, vértigo - Sudor, escalofríos - Sequedad en la boca **Cognitivas:** - Pensamientos automáticos - Imágenes intrusas - Rumiaciones, obsesiones - Preocupaciones **Motoras:** - Evitar o escapar de situaciones o estímulos en general - Movimientos repetitivos sin finalidad - Fumar, beber, comer - Movimientos torpes - Dificultad para hablar	**Consecuencias positivas:** **1. A corto plazo:** - Para mí - Para mi familia - Para otras personas **2. A largo plazo:** - Para mí - Para mi familia - Para otras personas **Consecuencias negativas:** **1. A corto plazo:** - Para mí - Para mi familia - Para otras personas **2. A largo plazo:** - Para mí - Para mi familia - Para otras personas

© Pedro Moreno. Todos los derechos reservados. Reproducido con permiso.

3
QUÍMICA EMOCIONAL

> **En este capítulo:**
> - Aprenderás que a veces la ansiedad y los temores provienen o se aumentan por ingerir sustancias que alteran nuestra química emocional.
> - Conocerás las sustancias que pueden afectar al estado emocional.
> - Comprenderás la utilidad y las limitaciones de los fármacos para mitigar la ansiedad.

Las personas que sufren debido a la ansiedad pueden tener una relación múltiple con las sustancias que trataremos en este capítulo. De hecho, las sustancias que vamos a comentar, o algunas de ellas, pueden:

- **Provocar** los problemas de ansiedad.
- **Agravar** problemas de ansiedad que ya había.
- **Solucionar** temporalmente los problemas de ansiedad.
- **Cronificar** los problemas de ansiedad.

Trataremos de esclarecer qué papel juega la química emocional en tu camino hacia la superación de la ansiedad. Para ello vamos a revisar diversas sustancias como la cafeína, el alcohol, las drogas estimulantes y algunos psicofármacos útiles o perjudiciales para la ansiedad.

Café, cacao y colas

La *cafeína* es la sustancia que relaciona el café, el cacao y las bebidas refrescantes de cola con los síntomas de la ansiedad.

Cuando se alcanza la dosis suficiente, los síntomas de la cafeína son, entre otros: temblores, nerviosismo, irritabilidad, palpitaciones, náuseas, vértigos y diarreas. ¿Cuál es la "dosis suficiente"? Depende. Existen muchas diferencias entre unas personas y otras en su sensibilidad a la cafeína. Además, la misma persona, cuanto más frecuentemente consume cafeína, más tolerancia tiene y más cafeína necesita para alcanzar los mismos efectos. En la Tabla 9 se recogen los valores medios de cafeína de algunos productos.

Tabla 9. *Contenido de cafeína de diversos productos comunes.*

Producto	Mg. de cafeína
Café (taza de 150 g.) Exprés Instantáneo Descafeinado	 115 65 3
Te (taza de 150 g.)	60
Bebidas de cola (lata de 33 cl.)	42
Bebidas energéticas (lata de 25 cl.)	80
Chocolate sin leche (pastilla de 28 g.)	20

A determinadas dosis, la cafeína puede producir unos efectos muy parecidos a los de la ansiedad y esto debe tenerlo presente toda persona para la que la ansiedad sea un problema. Es relativamente frecuente que algunas crisis de ansiedad se produzcan debido al consumo elevado de cafeína. En algunos casos estas crisis de ansiedad llegan a ser el principio de un trastorno de pánico y en otros quedan sólo como una mala experiencia. Quizá esta relación entre crisis de ansiedad y cafeína pueda explicar, en parte, porqué cerca del 40% de la población ha experimentado o experimentará al menos una crisis de ansiedad en su vida.

Una vez que pasan los efectos de la cafeína –como máximo tras unas 12 o 24 horas– los síntomas de ansiedad deben remitir. No obstante, puede ocurrir que a partir de haber tenido una crisis de ansiedad –debida a la cafeína– desarrollemos miedo a tener otras crisis similares. Esto es especialmente fácil si perdemos de vista la relación entre la cafeína que hemos ingerido en el café, las bebidas de cola o el té y las sensaciones corporales (taquicardia, náuseas, etc.).

Parafraseando a los juristas, "el desconocimiento de los efectos de la cafeína no exime de sufrir sus consecuencias". Esto quiere decir que si padeces de ansiedad sería conveniente reducir al mínimo el consumo de café, colas, té e incluso chocolate (sobre todo ese chocolate negro y amargo, tan rico por otro lado).

Bebidas "energéticas"

Mención aparte merecen unas bebidas que se han popularizado últimamente y que se denominan, curiosamente, "bebidas energéticas".

Estas bebidas contienen una especie de cóctel de vitaminas, azúcares, taurina, cafeína y guaraná. Actualmente existe cierta polémica sobre si es oportuno venderlas libremente, como un producto de consumo más. De hecho, en algunos países está restringida la venta de este tipo de bebidas.

Los estimulantes que contienen estas bebidas son la cafeína y el guaraná. Este último es una pasta que se extrae de las semillas de una planta de Brasil y que contiene hasta el 5% de cafeína y otras sustancias con efectos estimulantes similares (teobromina y teofilina).

Para este tipo de bebidas, en lo referente a su conexión con la ansiedad, vale todo lo dicho sobre el café y las colas, aunque multiplicado por dos o por tres debido a la elevada cantidad de estimulantes que contienen.

Alcohol, cocaína, anfetaminas

El alcohol es una droga que tiene un efecto desinhibidor a dosis bajas y un efecto depresor a dosis altas. Es típico oír el comentario "Voy a tomar una copa para animarme" a personas que se sienten un poco ansiosas al llegar a un bar concurrido. De hecho, la primera copa suele reducir la ansiedad. La segunda copa ayuda a que comience la diversión porque relaja el sentido crítico sobre lo qué pueden pensar los demás de nuestro comportamiento. Conforme se suceden las copas, es probable que la diversión se pase y comience el malestar psicológico o físico.

No obstante, la relación entre el alcohol y la ansiedad no es directa ni única en todos los casos. Hay personas con ansiedad que agradecen tomar una jarra de cerveza o una copa de buen vino y no tienen ningún problema con el alcohol. Esto es lo que los psicólogos denominamos *beber social*. En la cultura latina está especialmente extendido el aprecio por el alcohol en dosis moderadas.

Sin embargo, en muchos casos el consumo de alcohol se convierte en problema adicional. Por otro lado, las personas con ansiedad problemática se enfrentan a un riesgo especialmente elevado de desarrollar problemas por consumo de alcohol. La explicación podemos encontrarla en una idea básica: es razonable que una persona que siente malestar, tienda a buscar soluciones a su malestar. Esas soluciones pueden ser acertadas o no. Como vimos en el capítulo anterior, la evitación o el escape de situaciones que producen ansiedad es una "solución" que adoptan muchas personas con trastornos de ansiedad y que, generalmente, trae más alteración a largo plazo. Algo similar ocurre con el alcohol: a *corto plazo*, reduce la ansiedad que experimentamos en el bar; a largo plazo, podemos acabar tomando alcohol cada vez que nos sentimos ansiosos o que pensamos que vamos a tener que enfrentarnos a una situación que nos pondrá nerviosos.

Esto le ocurría a un antiguo paciente mío que sufría fobia social. Era profesor de secundaria y le resultaba muy atemorizante reunirse con el resto de profesores en las sesiones de evaluación de alumnos. Como no podía dejar de ir a estas sesiones, porque el director ya le había dicho que no podía faltar, empleó el truco de tomar una copa de whisky antes de ir al instituto. Al principio esa copa era suficiente, pero luego necesitaba tomar más cantidad de alcohol para enfrentarse a esas situaciones. Finalmente, acabó mezclando el alcohol con cocaína para "mejorar" su afrontamiento de los temores a las sesiones de evaluación. El consumo de cocaína no se redujo a las sesiones de evaluación sino que se extendió a las salidas nocturnas y terminó convirtiéndose en una droga diaria. Además de deteriorar bastante su economía, la cocaína, que al principio le hacía no sentir miedo en esas situaciones sociales, acabó produciéndole un estado trágico: o consumía cocaína o entraba en una depresión profunda. Se encontraba atrapado. Si dejaba de consumir diariamente cocaína sentía claramente cómo se le echaba encima la depresión profunda hasta que la tomaba de nuevo. Pero la cocaína comenzó a no sentarle bien, dejando de reducir sus temores. Tomar cocaína le ponía ansioso y no tomar cocaína le llevaba a la depresión profunda. Entonces alguien le sugirió mezclar cocaína con heroína –una droga muy adictiva que produce fuerte sedación–. Así lo hizo. Durante un tiempo (breve) se sentía menos ansioso, pero no lograba escapar de la espiral de cocaína-heroína-alcohol. Una noche su mujer se despertó sin saber muy bien por qué y lo encontró con la cara azulada y dificultad para respirar. Su marido tenía una sobredosis de heroína.

El abuso de alcohol es un riesgo real que tiene toda persona con problemas de ansiedad, cualquier problema de ansiedad, no sólo fobia social. Así lo demuestran las estadísticas y la vida cotidiana.

Es sensato estar alerta al consumo de alcohol que tenga por finalidad ayudarnos a sentirnos más tranquilos, en cualquier situación: bares, reuniones sociales, o solos en casa tras una discusión con la pareja o con los hijos.

Cocaína

Esta es una droga ilegal en todo el mundo occidental. Tiene efectos estimulantes que son apreciados por sus usuarios: mejora la valoración de uno mismo, facilita la concentración mental y el discurso resuelto, disminuye la sensación de fatiga, aumenta la capacidad de alcohol que podemos tomar sin emborracharnos, etc. Realmente tiene unos efectos muy positivos, *a corto plazo*. El problema viene después, ya que la cantidad necesaria de cocaína para lograr los mismos efectos positivos mencionados cada vez se hace mayor. Y llega un momento en el que el consumo de cocaína ya no sienta tan bien, cambiándose los efectos positivos por otros no tan positivos como la desconexión temporal de la realidad, la irritabilidad o la tensión muscular. Progresivamente, los efectos de rebote cuando se deja de consumir cocaína, se van haciendo más intensos. El abandono brusco de la cocaína puede causar una depresión profunda, especialmente cuando se ha dado un gran consumo de esta droga.

A veces, la cocaína puede causar crisis de pánico, como estimulante que es. Un paciente acudió a nuestra clínica porque cada vez que consumía cocaína tenía una crisis de pánico ¡y quería seguir tomando cocaína pero sin crisis de pánico! Desafortunadamente, no logramos que acudiera en busca de ayuda para superar su adicción a esa droga. Indudablemente, si una persona padece un trastorno de ansiedad y es adicto a la cocaína no puede resolver el trastorno de ansiedad sin abandonar adecuadamente el consumo de dicha droga.

Anfetaminas y derivados

El consumo de anfetaminas hoy es menor que hace unos años, pero son muchos los derivados de estas sustancias que todavía se consiguen en el hipermercado de las drogas.

Estas sustancias poseen un efecto estimulante que puede ocasionar o agravar los trastornos de ansiedad. Si eres consumidor de alguna de las sustancias comentadas en este apartado te recomiendo que visites cuanto antes a tu médico para que te oriente en los pasos a dar para superar esa adicción. Más adelante ya podrás dedicarte a superar la ansiedad y todo aquello que te propongas.

Psicofármacos: ansiolíticos y antidepresivos

"Doctor, ¿no hay alguna pastilla para tranquilizarme?". La verdad es que sí. Hay muchos fármacos que te pueden tranquilizar y algunos son tan potentes que incluso te pueden dejar dormido varios días. En realidad, la cuestión que debemos plantearnos es en qué medida es útil tomar una medicación para superar *definitivamente* la ansiedad. Pero vayamos por partes.

Los fármacos para la ansiedad, pese a la gran cantidad de presentaciones y marcas, se reducen a unos pocos principios activos que se agrupan en dos familias: ansiolíticos y antidepresivos.

Ansiolíticos

En este grupo podemos incluir un amplio abanico de sustancias químicas que pertenecen, en su mayoría, a la familia de las benzodiazepinas. Algunos de los principios activos más comunes en el mercado son: diazepam, alprazolam, halazepam, clotiazepam, cloracepato, bromazepan, lorazepam y ketazolam.

Estos fármacos funcionan produciendo sedación mediante su combinación con otras sustancias de nuestro cerebro. La intensidad y duración del efecto sedante depende del tipo de benzodiazepina y de la dosis tomada. La intensidad de la sedación puede oscilar desde una ligera reducción de la ansiedad hasta una sedación profunda que induce el sueño. La duración de este efecto puede ir desde unas pocas horas hasta unas 24 horas aproximadamente. Es el médico quien debe elegir el tipo y la dosis necesaria para que se reduzca la ansiedad sin impedir una vida normal por exceso de sedación. Es normal que conforme mejora el afrontamiento de las situaciones o las sensaciones que nos producen ansiedad necesitemos menos dosis de medicación. Una señal de que puede que estemos tomando más dosis de la necesaria es que nos sintamos adormilados con frecuencia o con los reflejos demasiado torpes. Si tomamos esta medicación, no es prudente conducir vehículos ni manejar maquinaria peligrosa. Tampoco debe tomarse esta medicación sin control médico en caso de estar embarazada. Bueno, en realidad, nunca debe tomarse ninguna medicación sin control médico.

Pero hablemos sobre su eficacia práctica. Si nuestro objetivo es superar la ansiedad *definitivamente*, los ansiolíticos pueden ayudarnos o no, dependiendo de los casos, pero su ayuda casi nunca será suficiente si no se combinan con un tratamiento psicológico de tipo cognitivo-conductual (es decir, en la línea de lo que estamos tratando en este libro). La explicación de esto reside en que la medicación produce una relajación artificial (química) que dura solamente mientras quedan restos del fármaco en nuestro cerebro. Por tanto, como no se cambia nuestra capacidad para hacer frente a las situaciones, sensaciones, pensamientos y recuerdos temidos, cuando dejamos de tomar la medicación tenemos un riesgo alto de recaída en nuestro problema de ansiedad. ¿Tomar medicación toda la vida? Podría ser una solución, pero está demostrado que, con el paso del tiempo, el cuerpo se acostumbra a todos los ansiolíticos y finalmente acaban retornando los miedos –a veces incluso estando tomando la medicación–. Por otro lado, no parece sano tomar fármacos toda la vida si no son estrictamente necesarios. Y en la ansiedad, más que en ningún otro problema psicológico, los ansiolíticos deben emplearse el menor tiempo posible. O no emplearse –aunque esto le parezca mal a algunos laboratorios que obtienen un beneficio multimillonario de la venta de esos fármacos–.

Las benzodiazepinas nunca deben abandonarse bruscamente. Cuando llevamos algún tiempo tomando estos fármacos, el cuerpo se acostumbra a su dosis diaria y si cesamos de aportarla podemos desarrollar un síndrome de abstinencia muy grave (mortal en algunos casos extremos, si no se recibe atención médica).

Antidepresivos

Este grupo se divide en varios subgrupos; los principales son: tricíclicos, inhibidores de la MAO e inhibidores selectivos de la recaptación de la serotonina. Su aplicación principal ha sido, como su nombre indica, el tratamiento de la depresión. Pero desde hace un tiempo se ha estudiado su eficacia en los trastornos de ansiedad, con un éxito relativo en algunos casos. Los antidepresivos de uso ansiolítico más habitual son: fluoxetina, paroxetina, fluvoxamina, sertralina, clorimipramina e imipramina.

Su efecto depende del tipo de fármaco y de la dosis, pero en cualquier caso no comienza hasta pasadas dos o tres semanas desde el comienzo del tratamiento, y hace falta llegar a un mes de toma continuada para comenzar a hablar de reducción de la ansiedad, en algunos casos. Los laboratorios que venden estos fármacos insisten en que tienen un efecto reductor de la ansiedad real, pero según mi experiencia profesional estos fármacos parecen ayudar más a las personas que están ansiosas *y deprimidas*. Esto resulta especialmente claro en los pacientes con trastorno de pánico y agorafobia, en el trastorno obsesivo-compulsivo y en la fobia social. Al reducir la depresión originada por las limitaciones impuestas por la ansiedad, podría ser que la persona encontrara más fácil hacer frente a las situaciones temidas tras recibir medicación antidepresiva. Cuando uno está deprimido es más fácil sentir que se ha perdido el control de la situación y verse más vulnerable a la ansiedad y al miedo. Al mejorar el ánimo es más fácil afrontar situaciones que antes resultaban amenazantes. Por otro lado, cuando los pacientes logran valorarse mejor, cuando tienen una autoestima positiva, son menos vulnerables a la ansiedad.

Entonces, ¿para qué sirve esta medicación?

Yo recomiendo que se reserve la medicación para los casos más graves de ansiedad, y siempre bajo el control de un médico de confianza. Los ansiolíticos son útiles en algunas personas, sobre todo cuando se trata de controlar reacciones de ansiedad agudas. Por su parte, los antidepresivos parecen ayudar en los casos de ansiedad crónica. No obstante, los fármacos no son la solución definitiva para la ansiedad.

Como solución transitoria, en algunos casos pueden ser útiles, pero la solución definitiva para superar la ansiedad pasa por entender cómo reaccionamos ante las situaciones temidas y aprender a hacerles frente adecuadamente. La ansiedad es una emoción que tiene un valor importante para la supervivencia del ser humano –recordemos que es bueno sentir miedo ante los peligros reales–, y por esto nunca podrá ser suprimida por medios químicos. Lo importante es aprender a controlar la ansiedad ante los peligros imaginarios. Ésa es la única solución real a largo plazo.

Tres consejos importantes sobre psicofármacos

1. **Si no estás tomando medicación para la ansiedad:** Resístete a aceptar tomar sólo medicación como único tratamiento para tu problema de ansiedad. En algunos casos, cuando se empieza a tomar medicación para la ansiedad, como es efectiva *a corto plazo,* luego resulta muy difícil abandonar esas muletas para aprender a hacer frente a la ansiedad sin recursos artificiales. Y recuerda que a largo plazo tu cuerpo se acostumbra a los ansiolíticos, por lo que cada vez te alivian menos la ansiedad.

2. **Si estás tomando medicación prescrita por tu médico:** Nunca dejes la medicación de forma brusca por tu cuenta y sin la supervisión de tu médico. Acude regularmente para que valore la conveniencia de ajustar las dosis o incluso suspender el tratamiento si te encuentras mejor. Nunca aceptes como único tratamiento para la ansiedad los fármacos. Está científicamente demostrado que, en el peor de los casos, los tratamientos psicológicos de tipo cognitivo conductual tienen una eficacia similar a los fármacos y una capacidad mucho mayor para ayudarte a superar la ansiedad de forma duradera.
3. **Si estás tomando medicación por tu cuenta:** Ten presente que algunas medicaciones para la ansiedad tiene un poder adictivo igual o superior al de las drogas. Consulta cuanto antes con tu médico la conveniencia de seguir con esa medicación o cambiarla por otra bajo su supervisión. **Nunca dejes de tomar la medicación por tu cuenta sin consejo médico.**

Paso 2º.
COMPRENDER TU CASO PARTICULAR

4

IDENTIFICAR TU ANSIEDAD (1ª PARTE)

> **En este capítulo:**
> - Encontrarás un cuestionario y varios tests que te servirán de guía para valorar tu problema de ansiedad.
> - Realizarás ejercicios para conocer mejor tus síntomas.
> - Comenzarás a establecer metas concretas para lograr superar la ansiedad y el miedo.

Ahora sabemos bastante sobre la ansiedad y los trastornos que puede ocasionar. Conocemos también el mecanismo general de la ansiedad y los síntomas que puede presentar una persona con problemas de ansiedad. También hemos visto cómo la química puede contribuir a la alteración ansiosa.

Sin embargo, todo este conocimiento es todavía demasiado general para ayudarte a cambiar de forma significativa. Una persona puede ponerse nerviosa en muchas situaciones distintas o sólo en una. Puede tener muchos y variados síntomas de ansiedad; aunque no tiene por qué tener *todos* los síntomas. Ni tiene por qué tener síntomas de todos los tipos que hemos establecido (cognitivos, fisiológicos y motores). Cada persona vive la ansiedad de un modo distinto. Dos personas con fobia social, o con trastorno de pánico –por citar algún ejemplo–, no son idénticas en absoluto. Experimentan la ansiedad de forma parecida y las claves de su trastorno son similares, pero no podemos pensar que a partir de un diagnóstico de "trastorno de ansiedad" ya tenemos claro cuál es la solución. Los seres humanos no somos tan simples –para lo bueno y para lo malo– y por esto era importante conocer los mecanismos de la ansiedad, en general, para que puedas aprender cómo funciona la ansiedad en tu caso particular.

En este capítulo, partiendo del esquema general de la ansiedad, vamos a adentrarnos en la forma en la que tú vives esa emoción y cómo se manifiesta ésta en tu vida cotidiana. Ese conocimiento encierra la clave para que puedas superar la ansiedad y el miedo.

Te recuerdo que la idea básica de la que partimos es que las personas llegan a sentir ansiedad a partir de cómo interpretan las situaciones, las sensaciones o los pensamientos que tienen en un momento dado. Una vez que se presenta la ansiedad, a través de sus distintas manifestaciones, la clave reside en los intentos que realizas para reducir esa ansiedad o evitar sentirla de nuevo. Si el problema de ansiedad continúa, generalmente se debe a que intentas solucionar la ansiedad de un modo inadecuado (un ejemplo típico de solución errónea es la evitación de las situaciones temidas).

Para comenzar a poner orden, vamos a analizar las distintas situaciones que pueden desencadenar la ansiedad en tu caso. También prestaremos atención a aquellos síntomas que pueden darte miedo y que en realidad están funcionando como situa-

IDENTIFICAR TU ANSIEDAD (1ª PARTE)

ciones temidas (por ejemplo, ponerte rojo, tener taquicardias o sensación de ahogo).

Si te parece, tómate el tiempo necesario para rellenar los cuestionarios, ejercicios y tests que se presentan a continuación. Las claves de corrección, así como su interpretación, las hallarás en el próximo capítulo.

Cuestionario 1. Una valoración previa.

En los últimos 6 meses...	RESPUESTA
1. ¿Has tomado alguna de las siguientes sustancias? • Fármacos para la ansiedad u otro problema psicológico o psiquiátrico • Alcohol en exceso, cocaína, heroína o similares	❏ SI ❏ NO ❏ SI ❏ NO
2. ¿Has recibido atención psicológica o psiquiátrica?	❏ SI ❏ NO
3. ¿Has tenido problemas de salud graves?	❏ SI ❏ NO
4. ¿Has sufrido accidentes, violaciones, maltratos o atracos?	❏ SI ❏ NO
En el último mes...	**RESPUESTA**
5. ¿Te sientes desbordado por tus problemas?	❏ SI ❏ NO
6. ¿Has perdido la ilusión por la vida?	❏ SI ❏ NO
7. ¿Te sientes demasiado triste?	❏ SI ❏ NO
8. ¿Ha afectado la ansiedad de forma importante tu vida cotidiana, tus relaciones con los demás o tu desempeño laboral o académico?	❏ SI ❏ NO

© *Pedro Moreno. Todos los derechos reservados. Reproducido con permiso.*

Tabla 10. La pregunta del milagro.

Imagina que una noche, mientras duermes, ocurre un milagro y te curas. ¿Qué sentirías al levantarte, en qué habría cambiado tu vida, qué notarías, que dejarías de notar, seguirías en el mismo trabajo, con la misma pareja, solo o sola, qué habría añadido o eliminado el milagro a tu vida para que te sintieras curado?

Escribe tu respuesta:

_____
_____
_____
_____
_____
_____
_____
_____
_____
_____
_____
_____
_____
_____
_____
_____
_____
_____
_____
_____
_____
_____

© Pedro Moreno. Todos los derechos reservados. Reproducido con permiso.

IDENTIFICAR TU ANSIEDAD (1ª PARTE)

Test 1. Situaciones desencadenantes.

Instrucciones: Abajo se presentan una serie de situaciones que pueden producir miedo o ansiedad a algunas personas. Marca una cruz a la derecha de cada situación en función de cuánto miedo o ansiedad te produce. La columna "INTERFIERE" márcala sólo si el temor o ansiedad producido por esa situación interfiere tu vida o te afecta con frecuencia.	NADA	UN POCO	BASTANTE	MUCHO	INTERFIERE MI VIDA
Situaciones pueden producir ansiedad					
1. Tener mareos o vértigo					
2. Sentir palpitaciones o el corazón acelerado					
3. Tener la sensación de que el mundo está distinto					
4. Sentir que podría desmayarme					
5. Tener la sensación de verme raro o distinto					
6. Ir a supermercados o grandes almacenes					
7. Caminar por calles muy transitadas					
8. Salir de casa solo					
9. Hablar ante un grupo de personas					
10. Hablar con mi jefe o una persona de autoridad					
11. Notar que me estoy poniendo rojo					
12. Comer, beber o escribir delante de otros					
13. Tartamudear o hablar con dificultad					
14. Actuar ante un público					
15. Viajar en coche, autobús o tren					
16. Utilizar un ascensor					
17. Ver sangre, jeringuillas o heridas					
18. Tomar alimentos que podrían atragantarme					
19. Pasar por un puente					
20. Viajar en avión					
21. Ver perros, gatos, arañas o pájaros					
22. Orinar en un aseo público					
23. Tener pensamientos sobre sexo					
24. Dejar abierta la puerta de casa o la llave de gas					
25. Dar la mano a otra persona o tocar un pomo					
26. Acercarme a un balcón					
27. Recordar un accidente, un atraco o una violación					
28. Una calle en la que me amenazaron de muerte					
29. Hablar de mi accidente o violación					
30. Hablar con una persona guapa o atractiva					
31. Otra(s) situación(es):					

© Pedro Moreno. Todos los derechos reservados. Reproducido con permiso.

Test 2. Pensamientos automáticos o interpretaciones.

Instrucciones: Abajo se presentan una serie de pensamientos que pueden tener algunas personas **justo antes** de sentirse con miedo o ansiedad. Marca una cruz a la derecha de cada situación en función de cuánto miedo o ansiedad te produce. Marca la 5ª columna si sueles creerte ese pensamiento la mayor parte de las veces.	NADA	UN POCO	BASTANTE	MUCHO	ME LO CREO
Antes de ponerme mal pienso:					
1. Me estoy volviendo loco					
2. Voy a morir					
3. Me desmayaré					
4. Me quedaré sin aire; moriré asfixiado					
5. ¿Y si perdiera el control?					
6. ¿Y si me da una crisis de pánico en... (coche/avión/tienda/calle/trabajo/cine...)?					
7. Tengo que ir solo					
8. Estoy haciendo el ridículo					
9. Van a notar que estoy nervioso					
10. Se reirán de mi					
11. Me estoy poniendo rojo					o
12. No recuerdo nada de lo que tengo que decir					
13. Me dolerá la... inyección/operación/intervención					
14. ¿Y si se estrella el avión?					
15. ¿Y si me caigo? (en un piso o puente)					
16. Podría quedar atrapado en el ascensor					
17. ¿Y si no soy buen amante/amigo/pareja?					
18. Soy homosexual/bisexual/heterosexual					
19. Me estoy contaminando					
20. Tengo SIDA/hepatitis/cáncer					
21. ¿Y si le pego o hago daño a... (otra persona)?					
22. ¿Y si salto? (desde una altura peligrosa)					
23. ¿Y si le pasa algo a mi... (ser querido)?					
24. ¿Y si me despiden?					
25. ¿Y si suspendo el examen?					
26. Otro(s) pensamiento(s):					

© Pedro Moreno. Todos los derechos reservados. Reproducido con permiso.

IDENTIFICAR TU ANSIEDAD (1ª PARTE)

Test 3. Sensaciones corporales de la ansiedad y el miedo.

Instrucciones: Abajo se presentan una serie de sensaciones corporales que puedes tener cuando sientes miedo o ansiedad. Marca una cruz a la derecha de cada una en función de la intensidad con la que lo sueles notar. Marca en la 5ª columna el primer síntoma que sueles tener (si hay más de uno).

Cuando estoy ansioso o con miedo, tengo:	NADA	UN POCO	BASTANTE	MUCHO	PRIMER SÍNTOMA
1. Palpitaciones					
2. Sacudidas del corazón					
3. Elevación de la frecuencia cardiaca					
4. Sudoración					
5. Temblores o sacudidas					
6. Sensación de ahogo o falta de aliento					
7. Sensación de atragantarse					
8. Opresión o malestar en el pecho					
9. Náuseas o molestias abdominales					
10. Mareo, inestabilidad o vértigo					
11. Desmayo					
12. Sensación de entumecimiento u hormigueo					
13. Escalofríos o sofoco					
14. Enrojecimiento en la cara					
15. Inquietud					
16. Irritabilidad					
17. Tensión muscular					
18. Respuestas exageradas de sobresalto					
19. Fatigabilidad fácil					
20. Urgencia urinaria o defecatoria					
21. Otras sensaciones:					

© Pedro Moreno. Todos los derechos reservados. Reproducido con permiso.

Test 4. Conductas ansiosas: escape, evitación y otras.

Instrucciones: Abajo se presentan una serie de conductas que puedes realizar cuando sientes miedo o ansiedad, o para no sentir ese malestar. Marca una cruz a la derecha de cada una según la frecuencia con la que lo sueles hacer. Marca en la 5ª columna tu conducta predilecta (si hay más de una).	NADA	UN POCO	BASTANTE	MUCHO	PREDILECTA
Cuando estoy ansioso o con miedo:					
1. Abandono la situación en la que me encuentro					
2. Escondo mis manos si tiemblan					
3. Intento desviar la conversación a otro tema					
4. Realizo movimientos sin finalidad					
5. No puedo estar sentado o quieto					
6. Bebo mucho agua para evitar tartamudear					
7. Bebo alcohol					
8. Fumo tabaco					
9. Fumo hachís, marihuana o similares					
Para no ponerme ansioso o con miedo:					
10. No voy al cine ni a lugares cerrados					
11. No realizo deporte					
12. Pido a otras personas que me acompañen					
13. Evito tener relaciones sexuales					
14. Pido favores					
15. Evito a las personas atractivas o con autoridad					
16. Evito reuniones					
17. Evito hablar delante de otros					
18. Procuro no comer, beber o escribir en público					
19. No pido favores					
20. Escondo mis manos si tiemblan					
21. Bebo mucho agua para evitar tartamudear					
22. Bebo alcohol					
23. Fumo tabaco					
24. Fumo hachís, marihuana o similares					
25. Tomo medicación relajante					
26. No voy al dentista o al médico					
27. No me acerco a precipicios ni balcones					
28. Evito viajar en avión					
29. Me lavo las manos minuciosamente					
30. Compruebo puertas, ventanas, gas, etc.					
31. Otra(s) conducta(s):					

© Pedro Moreno. Todos los derechos reservados. Reproducido con permiso.

IDENTIFICAR TU ANSIEDAD (1ª PARTE)

Tabla 11. La moviola de la ansiedad.

A la hora de abordar la superación de la ansiedad es muy importante concretar qué síntomas se tienen, en qué situaciones se producen, ante qué pensamientos o recuerdos se experimenta ansiedad y qué pensamos, sentimos y hacemos cuando tenemos ansiedad.

El ejercicio de la moviola de la ansiedad te permitirá averiguar más sobre tus síntomas de ansiedad, para así poder entender mejor cómo funciona la ansiedad en tu caso concreto y aplicar soluciones personalizadas a tu forma de vivir la ansiedad.

El ejercicio consiste en lo siguiente: Imagina que eres un director de cine y que piensas hacer una película sobre cómo vives tú la ansiedad. Ha llegado el momento de plasmar por escrito qué vería el espectador cuando proyectáramos la película y es muy importante dejar relatado, con todo detalle, cuatro aspectos de la ansiedad del personaje: 1) la situación en la que siente ansiedad, 2) las emociones y sensaciones concretas que siente cuando se siente nervioso, 3) los pensamientos e imágenes que vienen a su mente **justo antes de** sentirse mal, y 4) qué hace para dejar de sentirse mal.

Algunas pistas que te pueden ayudar son:
1. ¿En qué situación se encuentra el personaje? ¿con quién está, qué está haciendo? ¿qué ha recordado? ¿qué ha sentido justo antes de ponerse nervioso?
2. ¿Qué está sintiendo cuando se siente mal? ¿Tiene palpitaciones, tensión muscular, dolor en el pecho, temblores, hormigueos, dificultad para respirar, intranquilidad, irritabilidad? ¿Cuál es la primera sensación desagradable que siente?
3. ¿Qué pensamientos tiene **justo antes de** sentirse mal? ¿Qué viene a su cabeza de forma automática? ¿Qué imágenes le vienen? ¿Se las cree? ¿Les da importancia?
4. ¿Cuándo se va la ansiedad? ¿Hace algo el personaje para que se vaya la ansiedad? ¿Le funciona? ¿Se marcha de la situación que le pone mal **antes de** sentirse bien? ¿Evita pensar en sus sensaciones, en la gente, en recuerdos o en imágenes que le vienen **antes de** sentirse bien?

© Pedro Moreno. Todos los derechos reservados. Reproducido con permiso.

5

IDENTIFICAR TU ANSIEDAD (2ª PARTE)

> **En este capítulo:**
> - Analizaremos los resultados de los tests y cuestionarios que rellenaste en el capítulo anterior.
> - Interpretaremos esos resultados y trataremos de determinar cuál es la clave de tu malestar.
> - Seleccionarás las técnicas de autoayuda que pueden ser más útiles para tu caso en particular.

Antes de leer este capítulo, es recomendable realizar los cuestionarios, tests y ejercicios que se incluyen en el capítulo anterior. Leer de antemano la interpretación que podemos hacer de esos resultados podría distorsionar en cierta medida tus respuestas.

En primer lugar, analizaremos cada uno de los cuestionarios, tests y ejercicios de forma individual. Al final de este capítulo trataremos de integrar toda esa información para ayudarte en la elaboración de tu plan personal para superar la ansiedad y el miedo.

En cualquier caso, es muy importante tener presente que si bien la información aportada a continuación puede ayudarte a conocer mejor tus reacciones de ansiedad, **no constituye en sí misma un diagnóstico profesional ni una recomendación clínica sobre tu salud mental.** En el diagnóstico de la ansiedad deben integrarse muchos factores del paciente y sólo un profesional cualificado en salud mental puede efectuar dicho diagnóstico.

Interpretación de los resultados del Cuestionario 1

Si has marcado NO en las 8 cuestiones: Puedes pasar al apartado siguiente.

Si has marcado SÍ en la pregunta 1, 2, 3 ó 4: Es conveniente que consultes con tu médico o tu psicólogo la conveniencia de practicar o no los ejercicios que se incluyen en los capítulos posteriores. Estoy convencido de que estos ejercicios pueden ayudarte a superar la ansiedad, pero es necesario que un profesional valore el mejor modo de adaptarlos a tu caso particular.

Si has marcado NO en las cuestiones 1, 2, 3 ó 4 y algún SÍ en el resto (cuestiones 5, 6, 7 u 8): Es conveniente que consideres visitar a algún psicólogo para que te ayude a valorar tu situación actual. Los ejercicios incluidos en este libro se utilizan en pacientes con problemas de ansiedad leve, moderada y grave, pero si te sientes desbordado por tus problemas, sin ilusión por la vida, demasiado triste o la ansiedad ha afectado de forma importante tu vida, es necesario que un profesional de la salud mental te oriente personalmente. Cuando los problemas nos afectan de forma importante es difícil ser objetivo con uno mismo y eso dificulta cualquier tipo de autoayuda.

La pregunta del milagro

La respuesta a esta pregunta suele arrojar luz sobre cuáles son los problemas reales que hay en una situación personal concreta. Esta pregunta es de especial utilidad cuando predomina la confusión y no se sabe determinar bien por qué estamos mal.

Generalmente, los cambios relatados "una vez ocurrido el milagro" indican las metas a las que hay que apuntar. Así, una persona con crisis de ansiedad podría indicar que al estar curado ya no tiene miedo de volverse loco o sufrir un infarto, no necesita que le acompañen al supermercado y se siente más libre para decidir continuar o no con su pareja actual.

Tratar de imaginar cómo estaríamos una vez curados y qué cambios se habrían producido en nosotros, en los que nos rodean y en nuestra vida en general, ayuda a dibujar con nitidez las metas a alcanzar. Un truco para que este ejercicio sea provechoso es no poner límites a la imaginación ni temer las consecuencias negativas del cambio. La vida es cambio y temer al cambio sólo puede cronificar problemas. Es importante mantener una mente abierta a nuevas posibilidades y alternativas ante las demandas del vivir cotidiano.

Valorando las situaciones desencadenantes

Los ítems incluidos en el Test 1 (p. 101) recogen las situaciones, sensaciones y pensamientos que con más frecuencia suelen desencadenar reacciones de ansiedad.

No siempre existe una relación directa entre temer una situación y padecer un trastorno de ansiedad. En la Tabla 12 se presentan las situaciones (ítems) que suelen marcar con más frecuencia las personas que padecen cada uno de los trastornos de ansiedad enumerados.

Tabla 12. Respuestas más probables en cada trastorno.

Trastorno de ansiedad	Ítem(s) más probables
Trastorno de pánico	1,2,3,4,5
Trastorno de pánico con agorafobia	1,2,3,4,5,6,7,8,15,16,19,20
Agorafobia sin trastorno de pánico	6,7,8,15,16,20
Fobia social	9,10,11,12,13,14,22,30
Fobia específica	15,16,17,18,19,20,21
Trastorno obsesivo compulsivo	19,22,23,24,25
Trastorno por estrés agudo/postraumático	27,28
Trastorno de ansiedad generalizada	–

Como puedes comprobar, algunas situaciones pueden apuntar a más de un trastorno, como ocurre, por ejemplo, con "Pasar por un puente" (ítem 19) que puede darse en personas con trastorno de pánico con agorafobia, en personas con fobia a las alturas (fobia específica) y en personas con trastorno obsesivo-compulsivo. Todos temen pasar por un puente, pero el motivo es distinto: en el pánico con agorafobia se teme la aparición de una crisis que podría llevarnos al desmayo y, por tanto, a caer desde el puente; en la fobia específica, el temor proviene de la altura en sí, que genera vértigo y el temor a caer; en el trastorno obsesivo-compulsivo el temor puede provenir del miedo a perder el control y saltar al vacío sin desearlo. El temor en cada caso se experimenta de modo distinto y esa experiencia es la que nos lleva a diagnosticar un tipo u otro de trastorno.

Cuando la preocupación es sobre las situaciones valoradas en el test es poco probable un diagnóstico de trastorno de ansiedad generalizada, por esto no se incluye ningún ítem para dicho trastorno en la Tabla 12. En la ansiedad generalizada son muchas las situaciones de la vida cotidiana que pueden desencadenar la respuesta de ansiedad, generalmente relacionadas con la vida familiar, los estudios o el trabajo.

Valorando los pensamientos automáticos

En el Test 2 (p. 102) se incluyen algunos de los pensamientos que con más frecuencia vienen a la mente de las personas que sufren un trastorno de ansiedad *justo antes* de sentirse ansiosas o con miedo. En la Tabla 13 se presentan los ítems que tienden a marcar los pacientes en función de su trastorno de ansiedad.

Tabla 13. Respuestas más probables en cada trastorno.

Trastorno de ansiedad	Ítem(s) más probables
Trastorno de pánico	1,2,3,4,5
Trastorno de pánico con agorafobia	1,2,3,4,5,6,7,16
Agorafobia sin trastorno de pánico	7
Fobia social	8,9,10,11,12
Fobia específica	13,14,15,16
Trastorno obsesivo compulsivo	17,18,19,20,21,22
Trastorno de ansiedad generalizada	17,23,24,25

Valorando las sensaciones corporales

Las sensaciones físicas de la ansiedad ayudan poco a diferenciar entre unos trastornos de ansiedad y otros. Puesto que todos son trastornos "de ansiedad", en todos aparecen prácticamente todas las sensaciones recogidas en el Test 3 (p. 103). Lo que sí varía más es su forma de presentación. La ansiedad puede presentarse de una forma creciente *paulatina*, como en el trastorno de ansiedad generalizada, o de forma *brusca* como en las crisis de ansiedad del pánico, la agorafobia, la fobia social o la fobia específica. En el trastorno obsesivo-compulsivo la ansiedad aparece también de forma brusca ante las obsesiones, pero generalmente está menos limitada en el tiempo que la ansiedad de las fobias. El primer síntoma que se experimenta a veces da pistas sobre el trastorno de ansiedad que se padece, como ocurre en las sensaciones de las crisis de ansiedad inesperadas del pánico.

Valorando la conducta ansiosa

En el Test 4 (p. 104) se recogen las conductas que realizan con cierta frecuencia las personas que presentan trastornos de ansiedad.

Se han agrupado bajo dos encabezamientos diferentes: 1) "Cuando estoy ansioso o con miedo" y 2) "Para no ponerme ansioso o con miedo".

Las conductas del primer grupo, si se realizan a menudo o siempre, contribuyen a que las dificultades ansiosas se conviertan en problemas o trastornos de ansiedad. Las conductas del segundo grupo suponen un grado de deterioro mayor. Evitar a menudo o siempre las actividades, lugares o personas que son parte esencial de lo que debe ser nuestra vida cotidiana, supone un grado de trastorno psicológico que puede llegar a ser elevado.

La moviola de la ansiedad

En el ejercicio de la Tabla 11 (p. 105) pudiste tomar conciencia de lo que ocurre en detalle cuando te pones ansioso o con miedo. En realidad, es un resumen de cómo se integran en tu caso particular los desencadenantes del miedo o la ansiedad –sean situaciones, sensaciones o pensamientos– y tus respuestas de ansiedad –cognitivas, fisiológicas y motoras–.

IDENTIFICAR TU ANSIEDAD (2ª PARTE)

Es muy importante que logres esa visión de conjunto sobre todos los elementos implicados en tu problema de ansiedad, pues a partir de ahí podemos identificar el modo de superar la ansiedad en tu caso particular.

Si has tenido dificultad para realizar "la moviola de la ansiedad", no te preocupes. Podemos practicar un ejercicio de autoobservación que suelo recomendar a mis pacientes. Consiste en rellenar el Auto-registro 1, cada vez que te sientas mal durante los próximos días, siguiendo la "chuleta" del pie de cada columna. Este ejercicio ayuda mucho a conocer la conexión entre las situaciones desencadenantes (A), los pensamientos o las imágenes que se forman en nuestra mente y que en realidad nos ayudan a ponerle la etiqueta de "PELIGRO" a la situación (B) y las emociones propiamente dichas (C).

Auto-registro 1. *Situación-Pensamiento-Emoción.*

A. Situación	B. ¿Qué has pensado?	C. ¿Cómo te sientes?
¿Dónde estabas, con quién, qué estabas haciendo?	¿Qué pensamientos venían a tu mente de forma automática **justo antes** de sentirte mal? ¿Ha venido alguna imagen en ese momento? ¿Te creías lo que pensabas o imaginabas?	Resume en una palabra tu malestar: ansioso, deprimido, triste, con miedo, avergonzado, desesperanzado...

© Pedro Moreno. Todos los derechos reservados. Reproducido con permiso.

Generalmente, las personas suelen pensar que se ponen mal *directamente* porque tal o cual situación *les da* miedo. La realidad es un poquito más complicada. Yo no me pongo ansioso porque estoy hablando delante de la gente o porque los supermercados pueden conmigo. La realidad es que me pongo ansioso cuando hablo delante de la gente *porque pienso,* de forma automática, que se van a reír o que me podría poner rojo como un tomate. Me pongo ansioso en el supermercado porque viene a mi mente el recuerdo de la última crisis de pánico que tuve, en la que pensaba que podía morir asfixiado, y creo que, si volviera, realmente moriría. Esos pensamientos "negros", como los llamaba un paciente, son los que nos hacen ver la situación de forma humillante o catastrófica. Un paso muy importante para lograr superar la ansiedad –definitivamente– es que aprendas a detectar los pensamientos o imágenes mentales que te vienen justo antes de ponerte ansioso. Este ejercicio, sin duda, te ayudará a conocerte mejor y prepararte para el cambio.

A continuación te presento un par de registros que rellenaron unos pacientes míos (Ejemplo 1 y Ejemplo 2).

IDENTIFICAR TU ANSIEDAD (2ª PARTE)

Ejemplo 1. Registro ABC de un paciente con fobia social.

Situación	¿Qué has pensado?	¿Cómo te sientes?
En clase, delante del profesor, con todos mis compañeros de clase, respondiendo a una pregunta para el examen de matemáticas.	Se me va a olvidar todo. Me quedaré en blanco y todos se reirán. Se me está secando la boca, seguro que acabo atrancándome o tartamudeando. Me imagino a toda la clase dando una carcajada al unísono.	Ansioso, avergonzado, me tiemblan las piernas y el corazón me late rápido.
En una discoteca, con los amigos. Mis amigos quieren que hablemos con un grupo de chicas.	Espero que no vayan en serio. La verdad es que es muy guapa. Seguro que no puedo mirarla ni a la cara. No sé de qué hablar, estoy bloqueado. Pensará que soy raro y que no merezco la pena.	Temblor de piernas. Con calor y las manos frías. El corazón late fuerte.

Ejemplo 2. Registro ABC de un paciente con trastorno de pánico.

Situación	¿Qué has pensado?	¿Cómo te sientes?
En el cine, con mi pareja, viendo una película de mucha intriga. Noto un pinchazo fuerte en el pecho.	Me está dando un infarto. Voy a morir. Me veo en un tanatorio, dentro de un ataúd, con toda mi familia alrededor, llorando mi muerte.	Aterrorizado. Tengo taquicardia, dolor en el pecho y en el brazo izquierdo.
En el supermercado, un día con mucha gente, voy solo. Noto de nuevo la opresión en el pecho.	¿Y si no es una crisis de ansiedad? Parece un infarto, por el dolor en el pecho. Mejor termino pronto y me marcho antes de que vaya a más.	Con miedo. Tengo taquicardia y dolor en el pecho.

Valoración global

A estas alturas puedes estar preguntándote si tienes o no un trastorno de ansiedad. De hecho, prácticamente cualquier persona que hubiera rellenado los tests y los ejercicios del capítulo anterior podría haber encontrado algún indicio de ansiedad pasado o presente. Todas las personas podemos sentir ansiedad y miedo. Son emociones normales en muchas situaciones.

Entonces, ¿en qué casos el miedo y la ansiedad no son "normales"? Esta pregunta sólo puede responderla un psicólogo u otro profesional con acreditada experiencia en salud mental.

Como aproximación, y sin que sustituya este comentario al consejo experto de un facultativo, cabe pensar que padeces un trastorno de ansiedad si los síntomas de ansiedad te vienen desbordando desde hace al menos un mes, si han afectado de forma importante tu vida cotidiana, tu desempeño laboral o académico o tu relación con los demás. Para que haya un trastorno de ansiedad es suficiente con haber puntuado "bastante" o "mucho" cualquier situación del Test 1, siempre y cuando dicha ansiedad interfiera de forma apreciable tu vida cotidiana. Los tres tests siguientes constituyen dimensiones complementarias de tu problema de ansiedad. Los pensamientos recogidos en el Test 2 son los que hacen creíble la amenaza ante una situación inofensiva; los síntomas recogidos en el Test 3 son la conexión física de la ansiedad; las conductas incluidas en el Test 4 resultan problemáticas en la medida en la que distorsionan tu relación con los demás o afectan de modo significativo tu vida cotidiana, laboral o académica.

IDENTIFICAR TU ANSIEDAD (2ª PARTE)

Sugerencias de actuación

Si crees que puedes padecer un trastorno de ansiedad o te quedan dudas sobre tu estado de salud psicológica, mi consejo es que acudas a un psicólogo profesional que te inspire confianza y que tenga una experiencia acreditada en el tratamiento psicológico de la ansiedad. Él te ayudará a determinar si tienes o no un trastorno de ansiedad o de otro tipo y te ofrecerá las alternativas de actuación disponibles. La lectura de este libro puede ser el complemento ideal para una terapia de tipo cognitivo-conductual con un psicólogo.

Si experimentas ansiedad en determinadas situaciones o en el día a día, pero crees que el malestar que sientes no justifica acudir a un psicólogo, puedes pasar al siguiente paso: seleccionar aquellas técnicas para superar la ansiedad que son más efectivas para el tipo de ansiedad que tienes.

Las técnicas que se presentan en los próximos capítulos se han agrupado en función de tres metas:

1. Lograr la relajación física
2. Lograr la relajación mental
3. Lograr la relajación conductual

Una forma válida de enfocar la autoayuda puede ser seleccionar aquel grupo de capítulos que se correspondan con nuestro perfil de ansiedad predominante. Esto es, si hemos encontrado que tenemos muchos pensamientos automáticos en el Test 2 y que nos los creemos bastante, los capítulos del grupo "Lograr la relajación mental" pueden estar bastante indicados. Si hemos marcado muchas sensaciones corporales en el Test 3, los capítulos del grupo "Lograr la relajación física" estarán tanto más indicados cuanto más frecuentemente tengamos dichos síntomas. Por último, si nuestras respuestas han sido mayoritariamente más altas en el Test 4, los capítulos del grupo "Lograr la relajación conductual" pueden ser de bastante utilidad, especialmente el capítulo titulado "Hacer frente a nuestros temores". No obstante, los capítulos se han ordenado de menor a mayor dificultad, por lo que si precisas llegar al último capítulo para abordar tus síntomas, es conveniente que revises en primer lugar los capítulos que lo preceden.

Si crees que los síntomas de ansiedad que padeces se pueden aproximar a uno de los trastornos de ansiedad que hemos establecido, la guía de la Tabla 14 también puede ayudarte a seleccionar los capítulos en los que tendrás que hacer hincapié. No obstante, ten presente que dos personas con un mismo trastorno no tienen por qué necesitar exactamente el mismo tratamiento. Siéntete libre de explorar los capítulos que están indicados en otros trastornos ya que algunos de los capítulos son bastante aplicables a muchas personas, aunque no tengan un trastorno concreto. Así ocurre, por ejemplo, con los capítulos 9, 11 y 12. Muchas personas tienen activación ansiosa debido a problemas que no logran resolver con eficacia (como finalizar una relación de pareja o amistad, cambiar de trabajo, etc.). Otras personas tienen una persistente baja autoestima que les hace más vulnerables a padecer ansiedad, de cualquier tipo. La falta de asertividad tampoco es exclusiva de ningún trastorno de ansiedad y puede crear un grado de activación que acabe presentándose como crisis de ansiedad o pánico, fobia social o depresión.

Tabla 14. *Capítulos recomendados por trastorno.*

Trastorno de ansiedad	Capítulo
Trastorno de pánico	6,7,9,12
Trastorno de pánico con agorafobia	6,7,9,12
Agorafobia sin trastorno de pánico	9,12
Fobia social	6,9,10,11,12
Fobia específica	9,12
Trastorno obsesivo compulsivo	6,9,12
Trastorno por estrés agudo/postraumático	6,9,12
Trastorno de ansiedad generalizada	6,9

Paso 3º.

LOGRAR LA RELAJACIÓN FÍSICA

6

RELAJACIÓN MUSCULAR

> **En este capítulo:**
> - Explicamos la técnica de relajación muscular con mayor reconocimiento científico de su eficacia.
> - Con su práctica aprenderás a reducir la mayoría de los síntomas físicos de la ansiedad que se presentan a diario: tensión muscular, opresión/pinchazos en el pecho, sensación de ahogo, taquicardia, etc.
> - Comprobarás que reducir la tensión física te ayuda a experimentar mayor sensación de bienestar y prevenir el empeoramiento de otros síntomas de la ansiedad.

Cuando vamos al cine tenemos la oportunidad de comprender por qué es tan importante aprender las técnicas de relajación muscular.

Recuerda la última vez que fuiste al cine (o que viste una película en casa sin distracciones). Es fácil que una persona que se concentra en una película experimente lo mismo que los protagonistas con los que se identifica. Si vemos una película de dinosaurios, nos movemos en el sillón o tenemos tensión como si esquivásemos nosotros las dentelladas del tiranosaurio. Y no somos bichos raros por esto: casi todos los espectadores se mueven ante un ataque frontal del dinosaurio en cuestión. Ésta es la conexión entre las emociones y la tensión muscular.

Cuando estamos preocupados o anticipamos peligros (reales o inexistentes, da igual) nuestro cuerpo se carga de tensión de forma automática. Es una especie de reflejo que nos queda desde la era cavernícola. En aquellos tiempos era importante reaccionar de forma física ante las amenazas de los depredadores. Uno no podía quedarse meditando sobre el significado real de unas pisadas cautelosas entre la maleza. Tenía dos opciones, básicamente: salir corriendo o exponerse a servir de almuerzo para el depredador de turno. A veces, cuando no había escapatoria, tenía que enfrentarse cara a cara con el depredador y sólo tenía, de nuevo, dos opciones: luchar o desmayarse –algunos depredadores no se alimentan de animales que parecen muertos–. En realidad, nosotros somos los descendientes directos de aquellos seres humanos primitivos que sobrevivieron a los depredadores y demás peligros *reales* de aquellos tiempos remotos.

Para nuestros ancestros fue una ventaja evolutiva que tuvieran la capacidad de preocuparse, pues esto les preparaba para luchar, huir o desmayarse ante los peligros –gracias a esa capacidad sobrevivieron–, pero hoy en día ya no es tanta ventaja reaccionar así ante peligros que no son reales.

La preocupación continua se transforma en tensión muscular y el resto de síntomas físicos de la ansiedad. Esa tensión no se libera porque no luchamos, ni huimos ni nos desmayamos. Y tampoco es socialmente recomendable reaccionar de ese modo ante la tensión.

Afortunadamente, aprendiendo a reconocer la tensión muscular podemos relajar los músculos a voluntad. Mediante la relajación muscular es posible reducir o eliminar los síntomas físicos de la ansiedad que se presentan a diario.

La técnica que suelo enseñar a mis pacientes deriva de la *relajación muscular progresiva de Jacobson*. Consiste en practicar una serie de sencillos ejercicios de tensión y relajación muscular. El objetivo que perseguimos con estos ejercicios al principio no es tanto lograr la relajación muscular sino aprender a diferenciar los estados de tensión muscular. Generalmente no somos muy conscientes de qué zonas de nuestro cuerpo están crónicamente tensas, y es precisamente esa tensión crónica la que crea la sensación de malestar.

Cómo practicar la relajación muscular

Es muy importante tener presente que necesitamos practicar **al menos dos semanas** para comenzar a sentir cierta relajación muscular. Esto puede parecer un inconveniente, especialmente cuando las píldoras para la ansiedad producen una relajación muscular en pocos minutos. En cierto modo sí es un inconveniente, lo reconozco, pero el principal inconveniente es que muchas personas –que podrían lograr una relajación profunda– no tienen la paciencia para esperar ese tiempo. Los beneficios son muchos. Aprender a relajarse es algo que nunca se olvida, como el montar en bicicleta. Por tanto, una vez que sabemos relajarnos no dependemos de tomar ninguna pastilla para sentirnos bien. El gran inconveniente de las pastillas para la ansiedad es que cuanto más se toman, menos efecto hacen; porque el cuerpo se acostumbra a ellas.

La Tabla 15 presenta la transcripción de una cinta de relajación que a veces entrego a mis pacientes. Para aprender la técnica puedes pedir que otra persona te lea ese texto o bien tú mismo lo puedes grabar en una cinta para escucharlo. Ten presente que es muy importante respetar los tiempos necesarios para sentir la tensión y la relajación en los músculos. Aproximadamente, debes dejar unos cinco segundos para producir la tensión y unos 20 ó 30 segundos para que se produzca la relajación de esos músculos. No es necesario producir mucha tensión. Es suficiente con notar la sensación de tensión y poco más. Lo realmente importante es dejar de tensar los músculos de forma abrupta, sin soltar poco a poco. Esto es importante porque tratamos de aprender la diferencia entre tensión y relajación muscular. Cuanto más rápido liberamos la tensión muscular, más fácil resulta notar el cambio de tensión y aprender a relajarnos.

Tabla 15. La relajación muscular: Nivel Básico.

Ponte cómodo. Si lo deseas, cierra los ojos y deja que tu cuerpo se vaya concentrando en las sensaciones que van a venir a continuación...

Comenzaremos por tu brazo derecho. Centra tu atención en el brazo derecho... Aprieta el puño y siente la tensión que se genera en los dedos, en el antebrazo y en todo el brazo... Mantén esa tensión unos segundos, hasta que seas capaz de sentirla bien... Y ahora suelta toda la tensión del puño, suéltala toda y de forma brusca. Y concéntrate en la sensación de relajación que ocurre en la mano derecha, en el antebrazo y en todo el brazo... Centra tu atención en esa sensación. Una sensación de ligereza o de pesadez, puede que notes incluso un ligero hormigueo o un poco de calor... Eso está bien. Quizá notes que el brazo se queda blando, flojo, suelto... Eso es la relajación muscular. Permítete sentir esas sensaciones agradables...

Ahora vamos a tensar de nuevo los mismos músculos. Aprieta de nuevo el puño derecho, lo suficiente como para sentir la tensión muscular en el puño, el antebrazo y el brazo derecho... Suelta toda la tensión de nuevo, de forma brusca. Siempre vamos a soltar la tensión de forma brusca, ya que de ese modo podemos aprender antes a distinguir las sensaciones de la tensión de las sensaciones de la relajación... Ahora el brazo, el antebrazo y la mano ya se han relajado. Han quedado blandos, flojos y suaves.

Deja que tu respiración se haga suave y rítmica, sin forzar. El aire circula de forma suave y llega hasta tu abdomen. Trata de respirar con la parte baja de los pulmones, de forma suave y rítmica, sin forzar...

Ahora vamos a tensar el puño izquierdo. Ténsalo con fuerza suficiente para notar la tensión en el antebrazo y en todo el brazo izquierdo... Suelta la tensión. Deja que se relaje la mano, el antebrazo y todo el brazo izquierdo... Concentra tu atención en las sensaciones de relajación que se producen: la pesadez, la flojedad, la suavidad... todas estas sensaciones pueden producirse en el brazo y en la mano. Permite que aparezcan estas sensaciones inofensivas y relajantes... Quizá hayas notado que al tensar el puño izquierdo también se tensaban otras zonas de tu cuerpo, incluido el brazo o el puño derecho. Esto es normal, sobre todo al principio. Pero es importante que prestes atención para que sólo se tense aquella zona del cuerpo que queremos tensar. Es importante que aprendas a mantener relajadas el resto de zonas de tu cuerpo mientras no deseas sentir la tensión en esas zonas. Más adelante será muy útil que aprendas a mantener la relajación de ciertos músculos mientras tensas otras zonas de tu cuerpo.

Repetimos de nuevo la tensión en el puño izquierdo... Y soltamos la tensión...

De nuevo sentimos la relajación en nuestro brazo... El brazo izquierdo se queda suave, blando, flojo, libre de tensión... Y la respiración continúa suave y tranquila, sin forzar. Una respiración abdominal, suave y tranquila, sin forzar.

Ahora vamos a tensar los músculos de la cara. Esto es un poquito más difícil pero con la práctica irá saliendo mejor. Para tensar todos los músculos de la cara ten en cuenta que debes tensar la frente, los párpados, el entrecejo, la nariz, los labios, la mandíbula y la lengua. De momento, vamos a tensar sólo la frente. Para ello, trata de elevar con fuerza las cejas... Elévalas... Y suelta la tensión... Repite de nuevo la tensión en la frente... Y suelta la tensión... La frente se queda suave y blanda, libre de tensión...

Tensa ahora los párpados. Apriétalos. Siente la tensión suave en los ojos... y suelta la tensión. Los párpados se relajan, quedan sueltos y casi no se sienten...

Tensa de nuevo los párpados... Y suelta la tensión...

Tensa ahora el entrecejo y la nariz, como si pusieras cara de asco... Siente la tensión en el entrecejo y en la nariz... Y suelta la tensión... Nota cómo se relaja esa zona de tu cara. Queda suave y blanda, sin tensión... Tensa de nuevo el entrecejo y la nariz... Y suelta la tensión...

Tensa ahora la mandíbula y la lengua, apretando los dientes y empujando la lengua contra el paladar. Siente la tensión en los dientes y los labios... Y suelta la tensión... La lengua queda blanda, floja, sin tensión. Las mandíbulas también se relajan, sueltan toda la tensión... Tensa de nuevo la mandíbula y la lengua... Y suelta la tensión...

Ahora la cara se ha relajado. También los brazos. Y la respiración es suave, tranquila y profunda. Sin forzar...

A continuación, vamos a relajar el cuello. Para tensarlo puedes intentar tocar con la barbilla el pecho o, si estás acostado, puedes empujar la cabeza contra el colchón. Tensa ahora el cuello. Siente la tensión... Y suelta la tensión... El cuello queda blando, suave y sin tensión... El cuello se relaja... Tensa de nuevo el cuello. Siente la tensión... Y suelta la tensión... Concentra tu atención en la sensación de relajación y bienestar que se va acumulando... La respiración tranquila y suave, los brazos relajados, la cara relajada y ahora también el cuello relajado...

Para tensar los hombros vamos a tirar de ellos hacia atrás, como si intentásemos tocar nuestros hombros entre sí por la espalda. Tensa ahora los hombros... Siente la tensión... Y suelta la tensión. La espalda parece relajarse... Tensa de nuevo los hombros... Y suelta la tensión... Los músculos quedan blandos y suaves... relajados.

Ahora tensaremos de nuevo los hombros, pero esta vez tiraremos de ellos hacia delante, como si quisiéramos juntarlos delante nuestro. Ténsalos ahora... Siente la tensión... Y suelta la tensión... El pecho y la espalda se relajan. Concentra tu atención en las sensaciones que se producen... Tensa de nuevo los hombros... Y suelta la tensión... Concentra tu atención en las sensaciones de la relajación: los músculos se aflojan, se quedan sueltos y blandos. Disfruta de esa sensación de relajación que se va produciendo...

Ahora intenta tensar los músculos del abdomen como si quisieras hacer una flexión abdominal. Siente la tensión en todo el abdomen... Y suelta la tensión... Los músculos quedan blandos y tu atención se concentra en la relajación y en las sensaciones agradables que se producen... Tensa de nuevo los músculos del abdomen... Y suelta la tensión... Disfruta de la sensación agradable que sientes al soltar la tensión. Siente cómo los músculos se aflojan y quedan blandos y tranquilos...

Ahora vamos a tensar la parte media y baja de la espalda. Para ello trata de arquear la espalda, como si quisieras sacar el abdomen hacia delante. Arquea la espalda ahora... Siente la tensión... Y suelta la tensión... De nuevo se produce una liberación de tensión que resulta agradable... relajante... Tensa de nuevo la espalda, arqueándola... Y suelta la tensión... Concentra tu atención de nuevo en las sensaciones agradables que se producen al soltar la tensión...

Y la respiración continúa suave y tranquila, relajante y sin forzar... El aire entra y tu cuerpo se relaja... El aire sale y la tensión se va... La respiración continúa suave, profunda y sin forzar. Relajante y agradable. Suave y abdominal...

Ahora vamos a tensar la pierna derecha. Para eso tensa con fuerza la punta del pie hacia delante, como si quisieras pisar el freno de un coche... Siente la tensión... Y suelta la tensión... El pie se relaja; la pantorrilla y el muslo, también... Concentra tu atención en todos los músculos que han soltado la tensión y nota la diferencia... Tensa de nuevo la punta del pie, con fuerza suficiente para notar la tensión en la pantorrilla y el muslo derecho... Suelta la tensión y concentra tu atención en las sensaciones de relajación que se producen...

Y ahora vamos a tensar la pierna izquierda. Para ello tensa con fuerza la punta del pie izquierdo hacia delante, como si quisieras pisar el embrague del coche... Siente la tensión... Y suelta la tensión... Todos los músculos del muslo, la pantorrilla y el pie se relajan... Tensa de nuevo el pie. Siente la tensión en toda la pierna... Y suelta la tensión... La pierna se relaja. El pie, la pantorrilla y el muslo se relaja... Sientes una sensación agradable de pesadez, tranquilidad o relajación que recorre tu pierna...

Y todo tu cuerpo se ha relajado... Los brazos... la cara y el cuello... los hombros... el abdomen... la espalda... y las piernas...

La respiración se ha hecho tranquila y profunda, suave y sin forzar, abdominal y relajante... Siente el ritmo suave y tranquilo... Siente la paz que te reporta esa respiración tranquila, abdominal y profunda... Siente cómo se renueva tu energía, cómo la tensión abandona tu cuerpo... Siente cómo la tranquilidad y la relajación se hacen más y más agradables... Permítete sentir esas sensaciones agradables. Tienes derecho a sentirte tranquilo y relajado...

> Disfruta un rato de estas sensaciones y siente cómo renuevan también tu mente...
>
> Cuando desees levantarte, tan sólo tienes que mover un poco las piernas y los brazos antes de hacerlo. Levántate de forma suave, pues la relajación ha hecho que todos tus músculos queden blandos y agradablemente flojos, sin tensión.

© Pedro Moreno. Todos los derechos reservados. Reproducido con permiso.

Para que este ejercicio de relajación muscular haga su efecto es necesario practicarlo al menos dos veces al día durante 15 ó 20 días.

Es recomendable que lo practiques, siempre que sea posible, en el mismo lugar y sin interrupciones. Explica a las personas con las que convives que vas a hacer un ejercicio de relajación muscular y que necesitas que no te interrumpan durante unos 30 minutos. Vístete con ropa cómoda, desconecta el teléfono, la televisión y la radio, y concédete esos minutos para lograr tu meta de superar la ansiedad.

A mis pacientes les suelo recomendar el Auto-registro 2 o uno similar. He visto que cuando se anotan estos datos cada día, las personas obtienen un mayor beneficio de la práctica de la relajación. Y además contribuye a que se sea más constante en la práctica de los ejercicios. Básicamente, el registro consiste en anotar el grado de relajación y de concentración que se tiene en cada práctica de relajación. Este registro nos permite ver la relación entre nuestra concentración en el ejercicio y el grado de relajación que logramos. También nos permite observar cómo, con el paso de los días, logramos grados más y más altos de relajación. Como con todo ejercicio, la calidad de la relaja-

RELAJACIÓN MUSCULAR

ción mejora con la práctica sistemática y diaria. De hecho los mayores beneficios de la relajación se obtienen varias semanas después de práctica regular.

Auto-registro 2. Progreso de la relajación.

	Lunes		Martes		Miércoles		Jueves		Viernes		Sábado		Domingo	
	C	R	C	R	C	R	C	R	C	R	C	R	C	R
M														
T														

Instrucciones: Para seguir tu progreso en la práctica de la relajación, anota cada día el grado de **C**oncentración en el ejercicio y el grado de **R**elajación que logras en cada práctica (**M**añana y **T**arde). Para valorar el grado de concentración y de relajación puedes utilizar la siguiente escala:

Nada: 0; **Un poco:** 1; **Bastante:** 2; **Mucho:** 3; **Muchísimo:** 4

Más adelante, cuando ya logres relajarte bien con la grabación del texto, puedes intentar relajarte sin hacer los ejercicios de tensión, sólo tratando de recordar las sensaciones de relajación que venían después de los ejercicios de tensión de cada grupo de músculos. Repasas mentalmente tu cuerpo: brazo derecho, brazo izquierdo, cara, cuello, hombros, pecho, espalda, abdomen, pierna derecha y pierna izquierda. Y en cada grupo de músculos te permites unos 15 ó 20 segundos de evocación de las sensaciones de la relajación: músculos sueltos, flojos, calientes y blandos. El texto de la Tabla 16 te puede ayudar si lo grabas en una cinta.

Tabla 16. La relajación muscular: Nivel superior.

Ponte cómodo. Deja que tu cuerpo se vaya concentrando en las sensaciones que van a venir a continuación...

Comenzaremos por tu brazo derecho. Centra tu atención en el brazo derecho... Y suelta la tensión del puño, suéltala toda y deja que se relaje. Y concéntrate en la sensación de relajación que ocurre en la mano derecha, en el antebrazo y en todo el brazo... Centra tu atención en esa sensación. Una sensación de ligereza o de pesadez, puede que notes incluso un ligero hormigueo o un poco de calor... Eso está bien. Quizá notes que el brazo se queda blando, flojo, suelto... Eso es la relajación muscular. Permítete sentir esas sensaciones agradables...

Ahora el brazo, el antebrazo y la mano ya se han relajado. Han quedado blandos, flojos y suaves.

Deja que tu respiración se haga suave y rítmica, sin forzar. El aire circula de forma suave y llega hasta tu abdomen. Trata de respirar con la parte baja de los pulmones, de forma suave y rítmica, sin forzar...

Ahora suelta la tensión del puño izquierdo. Deja que se relaje la mano, el antebrazo y todo el brazo izquierdo... Concentra tu atención en las sensaciones de relajación que pueden ocurrir: pesadez, flojedad, suavidad... todas estas sensaciones pueden producirse en el brazo y en la mano. Permite que aparezcan esas sensaciones inofensivas y relajantes...

El brazo izquierdo se queda suave, blando, flojo, libre de tensión... Y la respiración continúa suave y tranquila, sin forzar. Una respiración abdominal, suave y tranquila, sin forzar.

Ahora vamos a dejar que se relajen los músculos de la cara...

La frente se queda suave y blanda, libre de tensión...

Los párpados se relajan, quedan sueltos y casi no se sienten...

El entrecejo y la nariz liberan su tensión...

La mandíbula y la lengua también se aflojan y quedan sin tensión.

Ahora la cara se ha relajado. También los brazos. Y la respiración es suave, tranquila y profunda. Sin forzar...

A continuación vamos a relajar el cuello. Deja que la tensión se libere... Y el cuello queda blando, suave y sin tensión... El cuello se relaja... Concentra tu atención en la sensación de relajación y bienestar que se va acumulando... La respiración tranquila y suave, los brazos relajados, la cara relajada y ahora también el cuello relajado...

RELAJACIÓN MUSCULAR

Los hombros se relajan y la espalda parece quedar blanda, caliente o floja. Los músculos quedan blandos y suaves... relajados.

El pecho y la espalda se relajan. Concentra tu atención en las sensaciones que se producen... Concentra tu atención en las sensaciones de la relajación: los músculos se aflojan, quedan sueltos y blandos. Disfruta de esa sensación de relajación que se va produciendo y que aumenta cada vez más...

Ahora suelta la tensión que pueda haber en los músculos del abdomen... Los músculos quedan blandos y tu atención se concentra en la relajación y en las sensaciones agradables que se producen... Disfruta de la sensación agradable que sientes al permitir que la tensión se disuelva. Siente cómo los músculos se aflojan y quedan blandos y tranquilos...

Ahora vamos a centrar la atención en la parte media y baja de la espalda. Explora los puntos de tensión que pueda haber... Y suelta la tensión... De nuevo se producen sensaciones agradables de relajación... Concentra tu atención en esas sensaciones agradables que se producen...

Y la respiración continúa suave y tranquila, relajante y sin forzar... El aire entra y tu cuerpo se relaja... El aire sale y la tensión se va... La respiración continúa suave, profunda y sin forzar. Relajante y agradable. Suave y abdominal...

Ahora centramos la atención en la pierna derecha. Explora los puntos de tensión que pueda haber... Y suelta esa tensión... El pie se relaja; la pantorrilla y el muslo, también... Concentra tu atención en todos los músculos que se van relajando con sólo evocar las sensaciones de la relajación... Los músculos quedan blandos, calientes o flojos, sin tensión... Concentra tu atención en las sensaciones de relajación que se producen en la pierna derecha...

Y ahora llevamos la atención a la pierna izquierda... Buscamos cualquier pequeña tensión que pueda quedar... y permitimos que esa tensión se disuelva... Todos los músculos del muslo, la pantorrilla y el pie se relajan... La pierna se relaja. El pie, la pantorrilla y el muslo se relajan... Sientes una sensación agradable de pesadez, tranquilidad o relajación que recorre tu pierna izquierda...

Y todo tu cuerpo se ha relajado... Los brazos... la cara y el cuello... los hombros... el abdomen... la espalda... y las piernas...

La respiración se ha hecho tranquila y profunda, suave y sin forzar, abdominal y relajante... Siente el ritmo suave y tranquilo... Siente la paz que te reporta esa respiración tranquila, abdominal y profunda... Siente

> cómo se renueva tu energía, cómo la tensión abandona tu cuerpo... Siente cómo la tranquilidad y la relajación se hacen más y más agradables... Permítete sentir esas sensaciones agradables. Tienes derecho a sentirte tranquilo y relajado...
> Disfruta un rato de estas sensaciones y siente cómo renuevan también tu mente...
> Cuando desees levantarte, tan sólo tienes que mover un poco las piernas y los brazos antes de hacerlo. Levántate de forma suave, pues la relajación ha hecho que todos tus músculos queden blandos y agradablemente flojos, sin tensión.

© Pedro Moreno. Todos los derechos reservados. Reproducido con permiso.

Problemas que pueden surgir

Un problema que podría surgir con las grabaciones de las cintas es, digamos, de tipo técnico. Para que una cinta de relajación te ayude a relajarte es necesario que lleve un ritmo y una entonación adecuada. Seguramente tu primera grabación no te ayudará mucho, pero no te preocupes. Familiarízate con el texto, léelo varias veces y graba la cinta una o dos veces, hasta que te sientas cómodo con el resultado. Luego escúchala a diario y practica al menos dos veces al día la relajación. Recuerda que todo irá mejorando con la práctica.

Algunas personas no logran un nivel de relajación suficiente porque les cuesta trabajo "desconectar" de los problemas cotidianos. Si éste es tu caso, trata de no controlar tu pensamiento. No intentes dejar la mente en blanco *a la fuerza*. Permite que vengan esos pensamientos pero centra tu atención en el ejercicio. De ese modo interferirán menos.

Las personas que tienen trastorno de pánico deben tener presente que este ejercicio les pone más en contacto con sus sensaciones corporales: latidos cardiacos, respiración, sensaciones musculares, etc. Precisamente, todo esto puede resultar amenazador para una persona con dicho trastorno. Si éste es tu caso, ten presente que esas sensaciones son inofensivas. También debes tener presente que los ejercicios de relajación producen en algunas personas una leve hiperventilación. Si al practicarlos notas que te mareas o sientes náuseas o vértigo, puedes leer el capítulo próximo antes de proseguir con los ejercicios de relajación. Si te cuesta escuchar la cinta por miedo a las sensaciones corporales lee el capítulo 12, "Hacer frente a nuestros temores".

Otras formas de lograr relajación muscular

El ejercicio físico moderado es otro modo de favorecer la relajación muscular. Es importante que sea un ejercicio *moderado*, ya que el ejercicio intenso puede dificultar la tarea de relajar los músculos. Un ejercicio recomendable puede ser salir a caminar a paso ligero durante una hora al día.

Al terminar la hora de marcha, un baño o una buena ducha con agua caliente contribuirá a una mayor relajación muscular.

7

TÉCNICAS DE RESPIRACIÓN

En este capítulo:
- Explicamos el mecanismo de la hiperventilación y sus efectos.
- Analizarás tu sensibilidad a la hiperventilación.
- Aprenderás a controlar los mareos, los vértigos, la sensación de ahogo, la sensación de enloquecer, y otros síntomas relacionados.

¿Sueles sentir que te falta aire, que tienes sofoco, o bostezas con frecuencia? ¿Sueles tener dolor en el pecho, sensaciones de mareo o vértigo, hormigueo o pinchazos? ¿Sueles respirar de forma rápida cuando tienes miedo o ansiedad? Si has respondido sí a alguna de estas preguntas puede ser muy importante que aprendas a controlar tu respiración.

La respiración tiene un papel vital en algunos problemas de ansiedad. Especialmente en algunas personas que sufren trastorno de pánico.

Todos necesitamos el oxígeno para vivir. Pero no siempre respiramos el volumen de oxígeno que necesitamos. La respiración es el mecanismo que se encarga de tomar el oxígeno del ambiente y llevarlo a los pulmones. Generalmente, cuando estamos ansiosos, la respiración es rápida y superficial. Cuando estamos tranquilos, la respiración es abdominal, suave y tranquila.

Llegar a desarrollar un patrón de respiración abdominal, suave y tranquilo es el objetivo de este capítulo, pero antes vamos a tratar un fenómeno que está relacionado con la respiración y que ocasiona muchos problemas de ansiedad: la hiperventilación.

La *hiperventilación* se produce cuando la frecuencia de la inspiración y la expiración de aire se altera de modo que acumulamos más oxígeno del que necesitamos en ese momento. Una respiración rápida y superficial, mientras estamos sentados en un sillón, puede producir hiperventilación. También puede producir hiperventilación tomar una o dos inspiraciones de más en una hora durante varias horas.

¿Eres sensible a la hiperventilación? El ejercicio de la Tabla 17 te permite responder a esa cuestión. Las personas sensibles a la hiperventilación suelen experimentar muchos de los síntomas

Tabla 17. ¿Eres sensible a la hiperventilación?

Instrucciones: Siéntate en un sillón y comienza a respirar tan rápido como puedas durante dos minutos. Toma aire y suéltalo tan rápido como te sea posible, como si estuvieras hinchando un globo. Una vez transcurrido el tiempo, cierra los ojos.

Si no has notado nada, continúa durante dos minutos más con la respiración rápida y superficial, soltando el aire de la forma más abrupta que te sea posible. Si has notado los síntomas de la hiperventilación, recuerda que para eliminarlos tan sólo hay que consumir el exceso de oxígeno que has tomado. Para ello basta con dar algunos saltos enérgicos o respirar pausadamente dentro de una bolsa de plástico hasta notar que descienden las sensaciones provocadas.

que tienen en sus crisis de pánico: sensación de ahogo, sofoco, dolor en el pecho y, sobre todo, mareo o vértigo. Algunos pacientes llegan a sentir los síntomas de la desrealización y la despersonalización cuando practican ese ejercicio, sintiéndose raros y distanciados de sí mismos o del entorno.

No obstante, no todas las personas sensibles a la hiperventilación llegan a experimentar sus síntomas cuando hacen el ejercicio. No saber de dónde vienen los síntomas los hace más terroríficos para muchas de estas personas y, obviamente, cuando practican el ejercicio sí saben de dónde vienen esos síntomas.

Cuando una persona tiende a respirar de modo superficial y rápido, o cuando tiende a realizar una o dos respiraciones extra cada hora, puede llegar a experimentar los síntomas típicos de la hiperventilación:

- *Síntomas centrales:* Mareo, confusión, sensación de ahogo, visión borrosa y sensación de irrealidad.
- *Síntomas periféricos:* Aumento del número de latidos del corazón, hormigueos y pinchazos en las extremidades, escalofríos, rigidez muscular, manos frías y húmedas.
- *Síntomas generales:* Sensación de calor, sofoco, sudor, cansancio y opresión o dolor en el pecho.

Necesitamos respirar, pero un exceso de inspiración aumenta el nivel de oxígeno en la sangre y disminuye el nivel de anhídrido carbónico (CO_2). Nuestro cerebro utiliza el nivel de CO_2 para regularse, por lo que cuando disminuye ese nivel, disminuye ligeramente el nivel de oxígeno en el cerebro –lo que produce los síntomas centrales– y disminuye el volumen de sangre en algunas partes del cuerpo –lo que produce los síntomas periféricos–. Si en ese momento saliéramos corriendo, como hacían los humanos primitivos ante los depredadores, todo el exceso de oxígeno sería muy útil para la fisiología del cuerpo, facilitando la máxima capacidad de huida.

Los síntomas generales de la hiperventilación no tienen utilidad para facilitar la huida, pero son consecuencia normal de un esfuerzo como el que supone la respiración forzada y superficial. La opresión o dolor del pecho se produce por fatiga de los músculos de la respiración.

Es importante aclarar que todos estos síntomas de la hiperventilación son completamente inofensivos y que, en cierto modo, tienen un valor adaptativo cuando estamos ante un peligro real.

Estableciendo una respiración apropiada

La meta es sencilla: tomar el nivel justo de oxígeno y no expulsar el CO_2 demasiado rápido. La vía para conseguir la meta no es tan sencilla, pues es necesario reeducar la respiración para lograr el objetivo. También es necesario evitar los bostezos y suspiros, ya que pueden hacer descender demasiado rápidamente el nivel de CO_2.

El primer paso para establecer una respiración adecuada consiste en dedicar unos minutos al día para concentrarse en cómo respiramos. Al principio no intentes controlar la respiración, ni trates de hacerla más lenta. Es mejor que comiences concentrando toda tu atención en cómo respiras durante unos 10 minutos, dos veces al día. Concéntrate y cuenta las inspiraciones. Con cada expiración, di mentalmente una palabra que te tranquilice, por ejemplo "tranquilo" o "calmado".

TÉCNICAS DE RESPIRACIÓN

Si te vienen otros pensamientos, trata de no prestarles atención y concéntrate en cómo respiras. Contar las inspiraciones y decir mentalmente "tranquilo" con cada expiración te puede ayudar a no pensar en otras cosas. Si no logras concentrarte en la respiración por los pensamientos que te vienen, no luches contra ellos, acéptalos y dirige tu atención en la medida de lo posible a cómo respiras.

Cuando ya te resulte sencillo concentrar tu atención en la respiración podemos dar un paso más. Con una mano en el pecho y otra un poco más abajo (sin tapar el ombligo), trata de realizar el ejercicio de contar las inspiraciones, pero esta vez procurando que sólo se mueva la mano inferior. Recuerda que la respiración abdominal es la respiración de la relajación. Y eso lo conseguirás si no mueves la mano que tienes sobre el pecho. Si sólo mueves la mano situada sobre el abdomen. Utiliza el Auto-registro 3 para observar tu progreso en el ejercicio.

Auto-registro 3. *Registrando la práctica de la respiración.*

	Lunes		Martes		Miércoles		Jueves		Viernes		Sábado		Domingo	
	C	F	C	F	C	F	C	F	C	F	C	F	C	F
M														
T														

Instrucciones: Para seguir tu progreso en la práctica del ejercicio con la respiración, anota cada día el grado de **C**oncentración en el ejercicio y el grado de **F**acilidad para respirar que logras en cada práctica (**M**añana y **T**arde). Para valorar el grado de concentración y de facilidad para respirar puedes utilizar la siguiente escala:
   Nada: 0; **Un poco:** 1; **Bastante:** 2; **Mucho:** 3; **Muchísimo:** 4

Cuando hayas logrado un nivel de concentración y una facilidad de respiración suficiente, podemos dar un paso más hacia el control de la respiración. Llega ahora el momento de controlar el ritmo de respiración. El objetivo es hacer unos 10 ciclos de inspiración-expiración cada minuto. Esto significa inspirar durante aproximadamente 3 segundos y expirar durante otros 3 segundos.

Al principio puedes sentirte un poco agobiado por este control de la respiración, e incluso es posible que experimentes más síntomas de ansiedad, como por ejemplo sensación de ahogo. Esto es normal. La reeducación de la respiración debe realizarse de forma gradual y permisiva para no sentir esas molestias. Puedes seguir empleando el Auto-registro 3 para registrar tu práctica.

Paso 4º.

LOGRAR LA RELAJACIÓN MENTAL

8

SOLUCIONAR PROBLEMAS CON EFICACIA

> **En este capítulo:**
> - Desarrollamos una estrategia estructurada para solucionar problemas eficazmente.
> - Analizarás a fondo todas las opciones disponibles ante un problema.
> - Aprenderás a tomar decisiones con seguridad.

¿Te has visto atrapado alguna vez en un trabajo que no deseabas? ¿O en una relación de pareja o de amistad que no te convencía? ¿O tal vez estudiando una carrera profesional que no sabías muy bien por qué la habías elegido? La vida no suele ser sencilla. Al menos, no siempre.

Muchas personas tienen la sensación de verse atrapadas en situaciones que no saben muy bien cómo resolver. Y no es raro que esa sensación de estar "atrapado" pueda convertirse en fuente de ansiedad. En algunos casos, puede llegar a crear incluso una fuente de estrés cotidiano que da lugar a trastornos de ansiedad (como el trastorno de pánico, por ejemplo). Las personas que se ven atrapadas en esas situaciones suelen sentirse bloqueadas para tomar decisiones y mantenerse firmes en la decisión adoptada. La indecisión puede ser continua y perturbadora.

Afortunadamente es posible aprender a tomar decisiones difíciles haciendo muy pequeña la probabilidad de equivocarse, aunque también es cierto que hay problemas con pocas alternativas convincentes.

Un método general muy eficaz para solucionar problemas consiste en seguir cinco pasos:

1. Orientación general hacia el problema.
2. Definición del problema.
3. Generación de alternativas.
4. Valoración de las alternativas.
5. Evaluación de la decisión adoptada.

Orientación general hacia el problema

Nadie ve menos que quien no quiere ver. Si nos encontramos mal pero no estamos dispuestos a cuestionarnos la situación en la que vivimos, difícilmente lograremos encontrar una solución. Por otro lado, ¿una solución a qué, si no tenemos conciencia de que haya un problema concreto?

Para resolver problemas con eficacia, el primer paso es estar atento a la vida cotidiana, a nuestras relaciones personales, al clima en el trabajo o en el centro de estudio y a las relaciones con la familia de origen. Estar atento a los cambios que se introducen en el día a día y con el paso del tiempo. Tomar conciencia de los cambios que conllevan las nuevas etapas vitales, como el matrimonio, el nacimiento del primer hijo, el nacimiento de otros hijos, el crecimiento de los hijos y su paulatina pero inexorable independización, la muerte de familiares, la muerte de los padres, la muerte de los amigos y del cónyuge... La vida no es estática. En ocasiones parece que se detiene, pero su fluir es continuo. Y todos los cambios pueden conllevar dificultades de adaptación. Siendo esa dificultad de adaptación lo que puede transformarse en ansiedad.

No obstante, no sólo los grandes cambios pueden afectarnos, es posible tener perturbaciones del ánimo por problemas puntuales, como el uso del tiempo libre en vacaciones u otros conflictos menores de la vida cotidiana.

Lo importante es estar atento a los cambios, sean "positivos" o "negativos", y a la falta de cambios. Tan estresante puede ser un cambio "a mejor" en el trabajo, que conlleva más responsabilidad, como un descenso laboral que da lugar a pérdida económica y de autoestima. Y tan estresante puede ser no llegar a tener pareja cuando "se supone" que hay que tenerla, como tener pareja y que la relación no resulte, sin tener fuerzas para finalizarla.

Definición del problema

Para hacer un guiso de arroz con ave, primero hay que cazar el ave. Para resolver un problema con éxito, primero tenemos que tener definido dicho problema de la forma más clara y concreta posible.

De poco sirve decir "No estoy bien en mi trabajo" o "No soporto a mi suegra", si realmente queremos llegar a estar mejor en el trabajo o con la suegra. (Desde aquí un saludo afectuoso a mi suegra, a la cual sólo puedo elogiar).

Un problema debe definirse de la forma más concreta y precisa que sea posible, si queremos avanzar en la tarea de encontrar una solución. Como se suele decir, definir un problema es resolver la mitad del problema. Por tanto, es mejor decir "No me llevo bien con el compañero X", o "Me molesta que el jefe me presione cuando se compromete con más clientes de lo razonable", o "Mi suegra no respeta mi derecho a opinar como persona", o "Mi suegra toma decisiones que me corresponden a mí".

Una forma válida de encontrar detalles y concretar el problema puede ser a través del esquema situación-pensamiento-emoción (ver Auto-registro 1, p. 113).

Generación de alternativas

Una vez que tenemos claro cuál es el problema, la tarea consiste en pensar alternativas para solucionarlo. Al principio no importa tanto la *calidad* como la *cantidad* de alternativas que nos planteamos. Es conveniente dejar la crítica de las alternativas para más adelante y centrarse en conseguir el mayor número posible de alternativas para solucionar el problema. Lo importante es no limitarse, pues si nos limitamos podemos dejar fuera soluciones que podrían ser válidas aunque no convencionales.

Siguiendo con los ejemplos del trabajo y la suegra, en la Tabla 18 podemos ver algunas alternativas de solución, alguna de ellas realmente descabellada.

Valoración de las alternativas

Tras generar un número suficiente de alternativas, llega el momento de valorar si son alternativas efectivas para solucionar el problema. Un primer paso necesario es eliminar aquellas alternativas que resultan a simple vista descabelladas o poco realistas. De los ejemplos de la Tabla 18 está claro que debemos descartar las "soluciones" que consisten en lograr que despidan

SOLUCIONAR PROBLEMAS CON EFICACIA

Tabla 18. Algunos problemas y alternativas de solución.

Definición del problema	Alternativas de solución
No me llevo bien con Pepe, mi compañero del trabajo	1. Tomarme unas vacaciones 2. Pedir un cambio de departamento 3. Lograr que lo despidan 4. Decirle NO a las peticiones absurdas
Mi suegra toma decisiones que me corresponden a mí	1. Gritarle cuando se entrometa 2. Pedir a mi pareja que "haga algo" 3. Reducir las visitas a su casa 4. Explicarle suavemente pero con firmeza que respete mis decisiones

al compañero y gritar a la suegra de modo brusco (no son soluciones éticas).

Para valorar el resto de alternativas podemos emplear una rejilla como la de la Tabla 19.

Tabla 19. Hoja para valorar las alternativas.

	Alternativa	Importancia
Ventajas		
Inconvenientes		

El ejercicio consiste en dibujar una rejilla para cada alternativa que estemos considerando y comenzar a rellenarla teniendo en cuenta que las ventajas y los inconvenientes pueden ser a corto o a largo plazo. ¿Cuánto es corto o largo plazo? Depende del problema que estés valorando. Utiliza tu sentido común para clasificar esas ventajas e inconvenientes en transitorios o duraderos. Por ejemplo, fumar es agradable a corto plazo (para los fumadores), pero a largo plazo puede producir problemas respiratorios, cáncer y la muerte. El corto plazo aquí se refiere a minutos; el largo plazo se refiere a años.

También es conveniente tener presente si esas ventajas e inconvenientes realmente lo son para mí o para otras personas (familia, amigos, conocidos, etc.). Por ejemplo, fumar puede ser agradable para mí (si fuera fumador) –y eso sería una ventaja a corto plazo–, pero es desagradable para los no fumadores que están en el mismo ascensor que yo –y eso sería un inconveniente a corto plazo para mí, si soy una persona cívica–.

Por último, puesto que no todas las ventajas e inconvenientes tendrán la misma importancia para mí, debo valorar cada uno en la columna de la derecha. Para ello puedo emplear una escala de 0 a 10, donde el 0 es "Nada importante" y el 10 significa que es "Esencial o muy importante".

Una vez puntuada cada ventaja y cada inconveniente en esa escala, se suman los números dados a todas las ventajas por un lado y a todos los inconvenientes por otro. De esta forma, tendremos las puntuaciones para rellenar la Tabla 20.

En realidad, podemos complicar esa tabla tanto como queramos, pues depende mucho del tipo de problema analizado la agrupación de las puntuaciones. En unos casos, puede ser interesante atender al momento en el que se producen las ventajas y los inconvenientes (corto/largo plazo); en otros casos, puede ser conveniente atender a otros criterios (por ejemplo, para mí/para otros en una cuestión de separación o divorcio)[2]. ¡Pero la tabla no debe ser nunca más complicada que el propio problema!

Tabla 20. Resumen de la valoración de alternativas.

Cálculos	Alternativa 1	Alternativa 2	Alternativa 3
Ventajas			
Inconvenientes			
Resultado total			

El proceso de valorar alternativas debe realizarse con todas las alternativas que hemos considerado con un mínimo de viabilidad.

¿Qué alternativa seleccionar finalmente? Como norma general, aquella que tenga más ventajas que inconvenientes, o si utilizamos el procedimiento matemático, aquella alternativa que tiene un número positivo más alto. Pero mejor veamos un ejemplo.

Un ejemplo de valoración de alternativas

Una paciente tenía graves problemas de ansiedad que manifestaba mediante vómitos y un nudo en el estómago que le impedía comer. Su comentario, cuando reparamos en que su suegra podía tener un papel en sus vómitos, fue "No soporto a mi suegra; no respeta mis decisiones ni me tiene en cuenta". Finalmente, concretó el problema como "Mi suegra toma decisiones que me

---

2. Si una alternativa tiene ventajas a corto plazo pero inconvenientes a largo plazo, puede ser útil calcular por separado la suma de las puntuaciones de las ventajas y los inconvenientes teniendo en cuenta si estos son a corto o a largo plazo.

corresponden a mí" y generó las alternativas que se presentaban en la Tabla 18. Descartamos la alternativa de gritarle cuando se

Tabla 21. Ejemplo de valoración de alternativas.

Alternativa 1.	Pedir a mi pareja que "haga algo"	Importancia
Ventajas	Dejo de ponerme nerviosa, ya que él me defiende.	8
	No tengo que hacer nada.	6
	Siento que mi marido me valora.	6
Inconvenientes	Si no está mi marido, no me puede defender.	10
	Depender me hace débil.	8
	Mi suegra puede convencerlo de que su conducta es razonable.	7
Alternativa 2.	Reducir las visitas a su casa	Importancia
Ventajas	No viéndola dejo de ponerme nerviosa.	8
	Tengo más tiempo para mí y mi hijo.	5
	Es una solución cómoda.	6
Inconvenientes	Mi marido se niega a reducir las visitas.	9
	Mi hijo no tiene relación con su abuela.	9
	Proponerlo me lleva a discutir con mi marido.	10
Alternativa 3.	Explicarle suavemente pero con firmeza que respete mis decisiones	Importancia
Ventajas	Me siento menos débil y dependiente.	8
	Al final puedo controlar mi ansiedad mejor.	9
	Discuto menos con mi marido.	8
	Mi hijo tiene relación con su abuela.	9
Inconvenientes	Supone esfuerzo aprender a tratarla de este modo.	7
	Al principio me pondré nerviosa también.	6
Cálculos	Alternativa 1	Alternativa 2	Alternativa 3
Ventajas	20	19	34
Inconvenientes	25	28	13
Resultado total	-5	-9	21

entrometiese, entre otras razones porque ya la había probado sin mucho éxito. Por otro lado, ella reconocía que "esas no son maneras de tratar a la madre" de su marido. En la Tabla 21 se presentan las ventajas y los inconvenientes que encontró para cada una de las alternativas restantes, seguidas de la valoración de la importancia otorgada. En la parte baja de la tabla se presentan los cálculos realizados para tomar la decisión.

Como puedes ver, el resultado es muy sencillo de interpretar: si es cero, esa alternativa tiene tantas ventajas como inconvenientes; si es menor que cero, la alternativa tiene más inconvenientes o de más importancia; si es mayor que cero, la alternativa tiene más ventajas o de más importancia. Una persona que no se halla bloqueada por un problema puede pensar que la tercera alternativa es obviamente la más adecuada. Pero para mi paciente fue bastante aclarador este proceso de toma de decisiones.

Un consejo: antes de intentar aplicar esta técnica con el problema que realmente te preocupa, trata de analizar otros problemas menores para tener un poco de práctica previa. Siempre es más sencillo aprender esta técnica con problemas que tienen poca importancia.

Evaluación de la decisión adoptada

Una vez que hemos aplicado la decisión al problema, y que hemos dado tiempo suficiente para que surta efecto, llega el momento de evaluar los resultados. ¿Se ha resuelto el problema al aplicar la alternativa que seleccionamos en el paso anterior? Si se ha resuelto, enhorabuena.

Si no se ha resuelto, es necesario revisar todos las etapas previas. ¿Hemos definido adecuadamente el problema? ¿Lo hemos definido de un modo concreto y claro? ¿Hemos generado suficientes alternativas? ¿Eran realistas? ¿Se han buscado *todas* las ventajas e inconvenientes a *corto* y *largo* plazo, para mí y para otras personas? ¿Se ha puntuado adecuadamente la importancia que tiene para ti cada una de esas ventajas e inconvenientes? ¿Realmente has pensado en la importancia que *tienen* para ti, o más bien en la importancia que piensas que *deberían* tener? Esas ventajas e inconvenientes, ¿realmente son importantes *para ti*, o más bien lo son *para otras personas*? Las puntuaciones que has dado a cada ventaja e inconveniente, ¿guardan una relación o proporción entre sí, de tal modo que las más importantes siempre tienen puntuaciones más altas y las menos importantes puntuaciones más bajas? ¿Crees que has sido *objetivo* en todo el proceso de solución de problemas? Cualquier persona, con la misma información que tú, ¿habría llegado a la misma decisión? ¿Habría elegido la misma alternativa para solucionar el problema? ¿Realmente era aplicable la alternativa elegida? ¿Crees que la has aplicado correctamente y durante el tiempo suficiente para que surta efecto?

En ocasiones, no hay soluciones que sean buenas, sino soluciones menos malas. En mi experiencia profesional, cuando mis pacientes han encontrado dificultades para resolver sus problemas con este proceso, las razones más convincentes para explicar el fallo provenían de las cuestiones presentadas en el párrafo anterior. En muchos casos, el problema de ansiedad se reducía a una dificultad para manejar de forma asertiva las relaciones con los demás, sin caer en la conducta sumisa o agresiva. Si crees que éste puede ser tu caso, tal vez encuentres útil el capítulo "Ser asertivo". Cuando el problema no era la falta de asertividad, lo más frecuente era la falta de objetividad para valorar todos los elementos implicados en el problema. Si éste puede ser tu caso, tal vez te ayude hablar con alguna persona de confianza sobre ese problema. Cuando intentamos explicar un problema a otra persona es fácil caer en la cuenta de determinados fallos o deficiencias en nuestra forma de plantearnos ese problema.

9

PENSAR CON CLARIDAD

> **En este capítulo:**
> - Explicamos el papel de los pensamientos automáticos en el origen y mantenimiento de la ansiedad y el miedo.
> - Analizarás formas alternativas de pensar sobre lo que te afecta.
> - Aprenderás a pensar de forma más sana y realista.

Tres amigos quedan para ir al cine una tarde. Llegan al multicine y no ponen ya la película que les apetecía ver. Javier sugiere que, ya que están allí, podían entrar a ver otra película. Finalmente, como no logran ponerse de acuerdo, cada uno entra a ver una película distinta. Al cabo de tres horas, se ven en la cafetería del centro comercial y marchan a un bar de noche para tomar alguna copa. Cuando salen ya es bastante tarde y deciden atravesar un parque para llegar antes a casa. De pronto, Andrés escucha un ruido entre unos arbustos. Javier y Antonio no han oído nada. Andrés insiste en que parece que hay alguien ahí detrás, pero sus amigos no oyen nada. Andrés se siente nervioso, intranquilo. Cada nuevo ruido que oye, cada pájaro nocturno, le sobresalta. El corazón le late con fuerza y respira de forma agitada. Quiere pensar que ese parque no es especialmente peligroso y que sus amigos no han oído nada. Pero, ¿y si esa noche sí hay alguien acechando? ¿Y si nos atracan? –piensa él–. Por más que lo intenta, no puede dejar de preocuparse. Finalmente, llegan a casa sanos y salvos.

¿Por qué estaba preocupado Andrés? Sus amigos caminaban a su lado y no temían nada, no veían peligrosa la situación. De hecho, no querían dejarse "contagiar" por el miedo de él y procuraban recordar y decirle a Andrés que ese parque era seguro, que no se sabía de atracos ocurridos en esa zona, que era muy improbable que ocurriera algo...

Andrés había visto una película de terror cuyo argumento trataba precisamente sobre los crímenes de una banda urbana en parques y barrios de clase media-alta de la ciudad. Ya había salido con cierta sensibilidad del cine, pero pasar por aquel parque le estaba poniendo los pelos de punta.

Es interesante resaltar que Andrés no estaba nervioso por los peligros de la situación, sino por lo que estaba pensando sobre la situación. Cada ruido lo *interpretaba* como un indicio de que alguien estaba acechando. Sus amigos no *malinterpretaban* esos sonidos. En concreto, Andrés estaba cometiendo un error de pensamiento que los psicólogos denominamos *sobreestimación de la probabilidad*. Este error consiste precisamente en confundir lo posible con lo probable. Que sea posible que me puedan atracar en un parque no significa que sea probable que me atraquen en el parque X, del que se sabe que es bastante seguro. Que sea posible que un satélite caiga sobre mi cabeza mañana no es motivo suficiente de preocupación, ya que es muy poco probable que ocurra.

Nuestros pensamientos suelen tener mucha importancia cuando tenemos miedo o ansiedad. Si estamos en una situación realmente inofensiva, la mayor parte de nuestro malestar emocional proviene de cómo pensamos.

Como vimos en el apartado "La vida interior: síntomas cognitivos" (p. 67), son muchos los pensamientos que nos pueden venir a la mente cuando nos ponemos ansiosos. De estos pensamientos son especialmente importantes aquellos pensamientos e imágenes que aparecen *justo antes* de ponernos ansiosos o temerosos. En ellos está la clave de por qué nos ponemos mal. En la Tabla 5 (p. 71) tienes algunos pensamientos típicos que tienen las personas justo antes de ponerse ansiosas o con miedo.

Algunos pacientes desean saber el origen de esos pensamientos. ¿Por qué pienso precisamente *eso* y no otra cosa? –me preguntan–. Cada persona, a lo largo de su vida, va teniendo una serie de experiencias (directas o a través de lo que le ocurre a los conocidos y familiares), y a partir de esa experiencia vital desarrolla unos *esquemas básicos* sobre sí mismo, el mundo y el futuro. Estos esquemas son creencias, valores, actitudes y reglas que no se cuestionan, que se asumen como verdades desde el principio de nuestra vida consciente o a lo largo de experiencias significativas. En la Tabla 22 tienes algunos ejemplos de esquemas básicos que tienen muchas personas con problemas de ansiedad.

Tabla 22. Algunos esquemas básicos que facilitan la ansiedad.

- Lo desconocido es peligroso
- La crítica significa rechazo personal
- No soy nada si nadie me quiere
- Tengo que agradar a los demás
- Cometer errores es el principio del fin
- Soy débil

Estos esquemas básicos facilitan que una persona se pueda poner ansiosa o que llegue a desarrollar un trastorno de ansiedad. Así, por ejemplo, una persona que está convencida de que lo desconocido es *necesariamente* peligroso puede sentir inquietud, preocupación o miedo con mayor facilidad ante situaciones o sensaciones que no sabe bien qué significan, como le ocurre a algunas personas con trastorno de pánico. Una persona que no se cuestiona que la crítica pueda ser distinta del rechazo personal tenderá a interpretar *cualquier crítica* como rechazo personal. Una persona que está convencida de que *es* débil tenderá a amilanarse ante cualquier situación que le resulte desconocida o ambigua.

Pero, ¿qué significa "pensar con claridad"?

Pensar con claridad es aprender a tomar distancia de nuestros propios pensamientos. No tomarlos como verdaderos necesariamente, sino como interpretaciones de la realidad que pueden ser *verdaderas, falsas o incompletas.* Pensar con claridad es desarrollar el hábito de cuestionarse la validez de los pensamientos automáticos que vienen a nuestra mente cuando nos sentimos mal, cuestionarse qué evidencia real existe a favor y en contra de la interpretación que estamos haciendo de la realidad.

Muchas veces hablamos de la realidad como si fuera algo que cualquiera puede mirar y comprobar sencillamente. Esto no es completamente así. La realidad tiene muchos matices. ¿Qué significa una sonrisa? Puede significar cariño, ironía, compañerismo, atracción sexual, desprecio personal, amistad, sintonía con un extraño... La situación en la que se da esa sonrisa, junto con nuestra experiencia personal, es lo que nos permite *interpretar* esa sonrisa de una forma u otra. Y, como se trata de *una* interpretación, podemos acertar o no. Generalmente, cuanta más experiencia tenemos en situaciones similares, más probable es que *acertemos* en nuestra interpretación, pero siempre cabe un margen de duda.

Cuando no acertamos a interpretar correctamente una situación o una sensación corporal, es probable que estemos cometiendo alguno de los errores lógicos que se presentan en la Tabla 23.

Tabla 23. Errores comunes al interpretar la realidad.

Error	Definición
Inferencia arbitraria	Extraer conclusiones sin tener en cuenta la evidencia objetiva, interpretando la situación de forma arbitraria.
Pensamiento catastrófico	Es una inferencia arbitraria particular, también llamada "error del adivino". Consiste en concluir, sin tener evidencia suficiente, que va a ocurrir algo terrible.
Lector de mentes	Es una inferencia arbitraria particular. Consiste en concluir, sin tener evidencia suficiente, que se sabe lo que está pensando otra persona.
Personalización	Pensar que los demás tienen una actitud negativa hacia uno mismo (cuando no disponemos de evidencia suficiente para pensar así).
Abstracción selectiva	Quedarnos sólo con una parte de la información (la negativa) sobre una situación.
Sobregeneralización	Generalizar en exceso las conclusiones negativas debidas a un hecho concreto.
Magnificación	Dar mucha importancia a los aspectos negativos de una experiencia.
Minimización	Quitar importancia a los aspectos positivos de una experiencia.
Pensamiento dicotómico	Ver la realidad en blanco y negro: Bueno/malo, listo/tonto, mortal/inofensivo.
Razonamiento emocional	Tomar nuestras emociones como evidencia para interpretar la realidad: "Si me da miedo, debe ser peligroso".
Afirmaciones debería	Aplicar *de modo rígido* reglas sobre nuestras obligaciones o las de los demás.
Externalización de la propia valía	Quitarnos importancia cuando hay evidencia suficiente de nuestro valor.

En la Tabla 24 presentamos algunos ejemplos de situaciones, con sus interpretaciones y los errores lógicos cometidos.

Tabla 24. Ejemplos de algunos errores típicos.

Error	Situación e interpretación	Realidad
Pensamiento catastrófico	Un paciente con crisis de pánico en numerosas ocasiones pensaba: *"Me va a dar un ataque al corazón"*. Esto lo pensaba *cada vez* que notaba cualquier sensación "anómala" en su corazón.	Esas sensaciones eran taquicardias, sensaciones de ahogo, dolores en el pecho y en el brazo, etc.; es decir, sintomatología típicamente producida por la ansiedad, como así se lo habían asegurado en varias ocasiones en el servicio de urgencias de su hospital.
Lector de mentes	Cuando estaba exponiendo un trabajo ante sus compañeros, un ejecutivo observó que algunos hablaban entre ellos y pensó: *"No les gusta cómo he enfocado el tema"*.	El fin de semana estaba próximo y esos compañeros estaban planeando salir a cenar con sus esposas.
Personalización	Un paciente con fobia social que participaba en la primera sesión de un grupo terapéutico se sintió abatido. Mientras hablaba observó signos de que dejaban de prestarle atención y pensó: *"Se están aburriendo porque soy un pesado"*.	No tuvo en cuenta que las personas pueden encontrarse cansadas por motivos diversos y que, cuando eso ocurre, pueden prestar menos atención a los demás independientemente de lo interesantes que puedan ser los contertulios.

Cómo pensar con claridad

Para pensar con claridad es necesario detectar los pensamientos automáticos que nos vienen en cada situación, justo antes de sentirnos ansiosos. Una vez que tenemos claro cuáles son estos pensamientos, el siguiente paso es cuestionarnos la evidencia que apoya, o no, esos pensamientos.

Para recoger los pensamientos automáticos que tenemos en las situaciones que nos ponen mal o las sensaciones previas a sentirnos ansiosos podemos emplear el Auto-registro 1 (ver p. 113 y los ejemplos que le siguen).

Una vez que tenemos cierta práctica en detectar esos pensamientos automáticos, podemos modificar el Auto-registro 1 añadiéndole un par de columnas más para analizar la evidencia que apoya nuestros pensamientos y explorar interpretaciones alternativas (columna D). En la última columna (E) anotamos cómo nos sentimos tras cambiar nuestra interpretación de la situación o de las sensaciones (ver Auto-registro 4).

Auto-registro 4. Técnica de las cinco columnas.

A. Situación	B. ¿Qué has pensado?	C. ¿Cómo te sientes?	D. ¿Qué evidencia tengo?	E. ¿Cómo te sientes?
¿Dónde estabas, con quién, qué estabas haciendo?	¿Qué pensamientos o imágenes tienes **justo antes** de sentirte mal? ¿Te los crees?	Resume en una palabra tu malestar: ansioso, deprimido, triste, con miedo, avergonzado, desesperanzado...	¿Se ajustan a la realidad tus pensamientos? ¿Qué evidencia tienen a favor? ¿Y en contra? ¿Te crees los nuevos pensamientos?	Vuelve a valorar tu malestar y anota si ha habido algún cambio al pensar de forma más realista.

© Pedro Moreno. Todos los derechos reservados. Reproducido con permiso.

Es fundamental que nos preguntemos qué evidencia apoya nuestras imágenes y pensamientos automáticos. Que yo piense de forma automática que me estoy muriendo porque tengo un pinchazo en el pecho, no significa que eso sea real. Sobre todo si ya he ido varias veces a urgencias con un cuadro de ansiedad similar. ¿Qué evidencia tengo de que *ese pinchazo* sea la señal de un infarto? Si los síntomas se me pasan al tomar un ansiolítico en el hospital no es probable que tenga un infarto. Hay evidencia a favor de que ese pinchazo puede ser consecuencia de un ritmo de respiración forzado (ver los síntomas de la hiperventilación, p. 139).

Que yo piense que se pueden reír de mí si voy a una reunión con los amigos, no significa que ellos se vayan a reír. Puede que sí se rían todos; o sólo alguno; o ninguno. ¿Qué evidencia tengo de que se vayan a reír? En reuniones anteriores, ¿se rieron de mi? ¿Se rieron todos, algunos, ninguno...? Si alguien se ríe, ¿significa eso que yo sea ridículo? ¿Podemos caer bien a todos? ¿Es terrible que siempre haya alguna persona que disfruta ridiculizándonos? Realmente puede ser desagradable, pero ¿es terrible? ¿Necesitamos que todos nos acepten? ¿Realmente lo piensas así?

Que sea desagradable o molesta la intervención del dentista, ¿la convierte en insoportable? ¿Qué evidencia tengo de que no podré soportarla? En el pasado has visitado al dentista, con mayor o menor sufrimiento, pero ¿fue insoportable? Realmente no es muy agradable, al menos a mi no me lo parece, pero ¿es un mal menor necesario? Tus dientes opinan que sí y mucha gente visita al dentista ¡y sobrevive!

Puedo pensar que me contaminaré si toco el pomo de la puerta, pero ¿qué evidencia tengo de que eso vaya a ocurrir? Si nadie ha tocado el pomo con las manos visiblemente infectadas de alguna enfermedad contagiosa, ¿por qué pensar que me contagiaré? Podría contraer un resfriado si me toco la nariz después de tocar el pomo, si otra persona resfriada ha estornudado en su mano justo antes de tocar el pomo, pero ¿qué pasa si me contagio de un resfriado? ¿Realmente he visto yo que una persona resfriada hacía todo el proceso descrito?[3]

Puedo pensar que mi hijo podría tener un accidente si va al campamento un fin de semana, pero ¿qué evidencia tengo de que ocurra el accidente? Posible es, porque alguna vez hemos visto en las noticias que han ocurrido accidentes similares, pero ¿es probable? ¿Cuántos accidentes de autobuses han ocurrido en el último año? ¿Y cuántos autobuses han circulado en total por las carreteras del mundo en el último año? Si la mayoría de los compañeros de tu hijo van al campamento, ¿qué es peor, asumir un riesgo "normal" de los que tiene la vida, o sobreproteger al muchacho?

A veces puede ocurrir que nos resulte difícil identificar los pensamientos que desencadenan nuestra ansiedad. Con la práctica –y una vez que saben lo que están buscando–, muchos de mis pacientes encuentran más sencillo detectar esas ideas, que a veces son tan fugaces como influyentes.

Un problema que puedes encontrar al practicar esta técnica es que llegues a analizar correctamente tu pensamiento y a generar otras formas alternativas de interpretar la realidad y que, sin embargo, no logres que cambie tu estado emocional. Este

---

3. Las obsesiones no siempre se eliminan cambiando sólo el pensamiento, de hecho muchas personas obsesivas reconocen que sus pensamientos no tienen base. Para ellos está más indicado el capítulo 12, "Hacer frente a nuestros temores", ya que las obsesiones se tratan de modo similar a las situaciones temidas por un fóbico (a través de la exposición).

problema suele deberse a que nos creemos más los pensamientos automáticos negativos que los pensamientos alternativos generados. Si no nos creemos la nueva interpretación de la realidad, difícilmente podemos llegar a sentirnos mejor. Generalmente, esta falta de credibilidad de las nuevas interpretaciones se va solucionando con la práctica.

A veces, para llegar a creernos los nuevos pensamientos, puede ser útil hacer *experimentos* que nos permitan comprobar la realidad de nuestros pensamientos. ¿Experimentos? Me refiero a realizar comprobaciones que nos permitan salir de dudas:

- **"No soportaría sentirme mareado, me desmayaría"**. ¿Realmente te desmayarías? Podemos hacer un pequeño experimento: ir a un lugar donde pensemos que nos podemos desmayar (supermercado, grandes almacenes, etc.) y ver si nos desmayamos. (Casi con toda seguridad no te desmayarás, salvo que tengas fobia a la sangre o las heridas y suelas responder así a la ansiedad).
- **"Se reirán todos de mí si voy a la reunión"**. ¿Realmente se reirán *todos*? Ve a la reunión a ver si todos se ríen de ti. Puede que alguno sí. Pero, ¿crees que se reirían todos? ¿Y qué pasa si se ríe uno?
- **"No soportaré la revisión del dentista"**. ¿Realmente no la soportarás? Ve a la revisión del dentista y comprueba si es cierta tu predicción. Si no te caes desmayado al suelo será señal de que sí la has soportado. Y es difícil que te caigas de esos sillones, que parecen estar preparados para evitar fugas.
- **"Si toco el pomo de la puerta, me contaminaré"**. ¿Realmente te contaminarás? Consigue el teléfono de tu médico

y luego toca el pomo de la puerta. Cuando veas la mano infectada de alguna bacteria vas al médico y que te dé algún antibiótico. Pero no me refiero a que tengas la "sensación" de estar contaminado, sino a que veas alguna herida infectada en tu mano.

- **"Si dejo que mi hijo vaya al campamento, tendrá un accidente"**. ¿Realmente tendrá un accidente? ¿Cuántos accidentes han tenido, en las excursiones previas, los autobuses del colegio? Si nunca ha ocurrido nada, ¿es prudente "hacer el experimento" de dejarle ir, como el resto de los padres de sus compañeros?

No obstante, si hacer un experimento determinado implica realizar algo o ponerte en una situación que te da miedo, es conveniente que leas antes el capítulo 12, "Hacer frente a tus temores".

10

VALORARNOS EN LO QUE SOMOS (O MÁS)

> **En este capítulo:**
> - Explicamos el origen de la baja autoestima y la importancia de mejorar la valoración que hacemos de nosotros mismos.
> - Establecerás tus puntos fuertes y débiles con objetividad y sin pesimismo.
> - Aprenderás a valorarte de forma positiva sin recurrir al autoengaño, desarrollando un sentimiento positivo de aprecio y afecto hacia ti mismo.

¿Cuánto *vale* una barra de pan? ¿Cincuenta céntimos de euro, cinco euros? Depende. Aunque generalmente sabemos su precio en la panadería más cercana, no es lo mismo *valor* que *precio*.

¿Y cuánto vale una puesta de sol, o la sonrisa de un niño? Para un padre romántico puede que sea algo tan valioso que no tiene precio; para un hombre de negocios que no valora la paternidad ni el romanticismo, puede que no haya nada con menos valor.

¿Y el valor de una persona? Éste es precisamente el tema de este capítulo: qué es un ser humano y qué tiene que tener para valer como tal. No obstante, mi intención no es entrar en cuestiones filosóficas complicadas. Me interesa más bien que nos detengamos a ver cómo nos valoramos las personas a nosotras mismas, ya que ese valor que nos otorgamos determina fuertemente nuestra felicidad personal.

¿Qué es la autoestima?

La *autoestima* es el valor que nos damos a nosotros mismos como personas. ¿De qué depende ese valor? Generalmente, nos valoramos en función de lo que somos frente a lo que deberíamos ser. Es decir:

$$\text{Autoestima} = \frac{\text{Lo que soy}}{\text{Lo que debería ser}}$$

No significa esto que demos un número a la autoestima. Esta expresión más bien sintetiza la idea de lo que es la alta y la baja autoestima. Una persona tendrá *alta autoestima* cuando es más de lo que debería ser. Cuando es menos de lo que debería, entonces la persona tiene *baja autoestima*.

Sin embargo, la realidad es un poquito más complicada. Como decíamos en el capítulo anterior, las cosas no me afectan por lo que son, sino por cómo yo reacciono ante ellas. La realidad no la puedo conocer directamente, aunque a veces tengamos esa sensación. *La realidad siempre es interpretada por nosotros, y podemos acertar (o no) en esa interpretación personal.* Por tanto, es conveniente transformar la expresión de arriba para dejarla así:

$$\text{Autoestima} = \frac{\text{Lo que } \mathbf{creo} \text{ que soy}}{\text{Lo que } \mathbf{creo} \text{ que debería ser}}$$

VALORARNOS EN LO QUE SOMOS (O MÁS)

El aprecio que siento por mí mismo tiene mucho que ver con cómo creo que soy y cómo creo que debería ser. Mi experiencia me demuestra que las personas con baja autoestima tienen una visión muy distorsionada de lo que son realmente. Al mismo tiempo, estas personas mantienen unas exigencias extraordinariamente perfeccionistas sobre lo que deberían ser o lograr.

La baja autoestima puede ser situacional o global. Cuando una persona no se siente válida en determinadas situaciones, aunque logra sentirse con valor en otros aspectos de su vida, decimos que tiene una *baja autoestima situacional*. Este tipo de baja autoestima es frecuente en personas que antes no presentaban problemas especiales en cuanto a la estima que sentían por sí mismos. La sensación de baja valía se produce a partir de experimentar problemas en determinadas áreas, como suele ocurrir en las personas que sufren problemas de ansiedad. Así, es relativamente frecuente que una persona con agorafobia, que ve que su vida se va haciendo más y más limitada y con menos autonomía, desarrolle cierta sensación de baja autoestima. Esto también le puede ocurrir a cualquier otra persona que padezca alguna fobia (miedo a las inyecciones, fobia social, miedo a volar, etc.), o trastornos como el obsesivo o el estrés postraumático, pues ven que ellos ya "no son lo que eran" en determinadas áreas importantes de su vida. En realidad, cualquier persona que se vea limitada en un área concreta de su vida puede llegar a desarrollar estos sentimientos de baja valía, como ocurre tras los accidentes que dejan secuelas físicas o las rupturas sentimentales que limitan la vida social, al menos transitoriamente.

Merece destacarse en la baja autoestima situacional que los sentimientos hacia uno mismo arrancan desde un acontecimiento pasado más o menos objetivo. Esto, junto con el hecho de que la vida se ha limitado sólo en alguna área, hace que la persona pueda conservar un sentimiento relativo de valía personal.

La situación es más crítica en aquellas personas que sienten que no valen globalmente como seres humanos. Es lo que denominamos *baja autoestima global*. Las personas con este tipo de baja autoestima pueden llegar a sentir auténtico desprecio hacia ellas mismas. Se ven indignas y culpables por no haber sido capaces de ser lo que su conciencia moral les dicta. En realidad, son auténticas víctimas de una moralidad rígida y perfeccionista, aunque no tienen por qué adherirse a unas normas morales convencionales. Tienen una especie de voz interna acusadora que les dice que son "malos", "feos", "tontos", "gordos", "inútiles" o cualquier otro descalificativo o insulto que los desvaloriza *globalmente* como personas –según lo sienten ellos–. No son personas que se vean "feas", pero con otros aspectos positivos que compensen, de algún modo, su bajo atractivo físico. Tampoco se ven "gordos" pero razonablemente felices. Se sienten completamente descalificados como personas, "basura humana" –como decía una paciente–. Y este problema no es de un tiempo a esta parte. Ellos se han visto así desde niños o prácticamente no recuerdan que se hayan valorado *nunca* de un modo medianamente positivo.

La baja autoestima global es anterior a los problemas con la ansiedad, y en algunos casos puede contribuir al desarrollo de diversos trastornos psicológicos, incluidos los derivados de la ansiedad.

El origen de la baja autoestima

Según la baja autoestima sea situacional o global, su origen varía; aunque comparten muchos elementos.

Una baja autoestima situacional se debe fundamentalmente a que sobrevaloramos nuestro mal desempeño en el área en la que fallamos. De alguna forma, el haber funcionado con relativa normalidad en nuestra vida hasta antes de aparecer los problemas de ansiedad (o los que desencadenaron esta baja autoestima) hace que centremos de forma excesiva nuestra atención en el hecho de "fallar" en ese área determinada. En este caso se ponen en funcionamiento mecanismos de pensamiento ilógicos o distorsionados idénticos a los comentados en la Tabla 23, p. 161. La persona con baja autoestima mantiene un diálogo consigo misma que incluye pensamientos como:

- "Nunca hago nada bien"; cuando el único problema es que se ha equivocado al explicar un balance en la empresa (*sobregeneralización*).
- "Soy un desastre"; cuando el único error que puede atribuirse es haber sentado juntos a dos amigos que discuten en la fiesta que ha organizado (*personalización*).
- "Soy tonto"; cuando no sabe tan sólo una pregunta de cinco en el examen (*pensamiento dicotómico*).
- "Les aburro"; cuando en realidad cada uno está a lo suyo en la reunión (*lector de mentes*).
- "Si es que soy un inútil de verdad"; porque "siente" que es así realmente (*razonamiento emocional*).

Pero el gran devorador de valía, sin ninguna clase de duda, son las afirmaciones *debería*: "Debería ser más listo", "Debería ser más atento", "Debería ser ocurrente", "Debería ser atractivo", "Debería...". Estas afirmaciones tipo *debería* son la acusación que nos hacemos por no ser lo que deberíamos ser, pero ¿quién ha dicho, o dónde está escrito, que tengamos que ser precisamente eso que no somos? Tan sólo está escrito en la exigencia irracional e inflexible que nos dictamos de forma tirana a nosotros mismos.

La baja autoestima global tiene un origen más lejano en el tiempo, de cuando nuestra mente no tenía una gran capacidad para hacernos distinguir la realidad de la opinión de los demás. La infancia es la etapa de la vida en la que desarrollamos los fundamentos del *autoconcepto* (lo que creemos ser) y la *autoestima* (la valoración de lo que creemos ser). En esa etapa descubrimos que somos niños o niñas, que tenemos manos, piernas, cabeza y otras partes de nuestro cuerpo. También descubrimos que somos seres distintos de los demás y que hay personas que nos aceptan y personas que nos rechazan. A partir de esas experiencias tempranas de aceptación y rechazo de los demás es cuando comenzamos a generar una idea sobre lo que valemos y por lo que valemos o dejamos de valer. El niño gordito desde pequeño puede ser de mayor un adulto feliz o un adulto infeliz, la dicha final tiene mucho que ver con la actitud que demostraron los demás hacia su exceso de peso desde la infancia.

Otro tipo de experiencias que puede dar lugar a una baja autoestima es ser objeto de expectativas excesivamente elevadas por parte de los demás, especialmente de aquellas personas más significativas. La baja autoestima es la consecuencia de comparar internamente nuestras capacidades y habilidades con las que nos atribuyen. De este modo, un niño que recibe continuamente el mensaje de que es muy bueno y responsable, puede acabar experimentando la sensación de ser un fraude continuo.

En algunas personas, aunque inicialmente no fueran rechazadas por los demás, la baja autoestima también puede verse motivada por el rechazo de los compañeros y amigos en etapas posteriores. Ése es el caso de un paciente que desarrolló unos pechos algo excesivos para su género y que le convirtió en objeto de burlas para los amigos en la pubertad.

Me atrevería a decir que la autoestima está más dañada cuanto más temprano se inicia la crítica de los demás. De alguna forma, cuanto más niños somos, más difícil nos resulta analizar la realidad de las críticas que recibimos. Esa sugestionabilidad nos hace más vulnerables a la crítica aguda o continua de los padres, los profesores y otras personas con autoridad. El resultado es un sentimiento profundo de baja valía que no resulta muy fácil de relacionar en algunos casos con los pensamientos distorsionados. De alguna forma, todo ocurrió tan pronto en nuestra vida que hay determinadas palabras que poseen una gran carga emocional para nosotros, sin necesidad de presentarse como frases completas en nuestro pensamiento. El simple hecho de pensar en esas palabras, aunque sea de forma fugaz o taquigráfica, es suficiente para sentirnos sin valor alguno. Y cualquier situación, a veces la más inocua, adquiere la capacidad de traernos a la mente esa taquigrafía emocional que conduce al sentimiento de baja valía global.

Test de Autoestima

Te propongo un pequeño ejercicio para conocer un poco mejor cuánto te valoras a ti mismo.

Todas las personas nos valoramos teniendo en cuenta una o varias de las siguientes facetas del ser humano:

1. **Yo – Físico:** Atractivo físico, fortaleza muscular, resistencia, salud física, capacidad sexual, etc.
2. **Yo – Emocional:** Estabilidad emocional, salud mental, tolerancia a la frustración, facilidad para experimentar y

expresar emociones positivas (alegría, ilusión, esperanza...) y negativas (tristeza, ansiedad, miedo, culpa...), etc.
3. **Yo – Intelectual:** Inteligencia, capacidad de aprendizaje, intereses culturales, etc.
4. **Yo – Espiritual:** Intereses espirituales, religiosidad, profesión de un culto espiritual, etc.
5. **Yo – Como hijo:** Actitudes, sentimientos y comportamientos hacia mis progenitores.
6. **Yo – Como pareja:** Actitudes, sentimientos y comportamientos hacia mi pareja sentimental.
7. **Yo – Como progenitor:** Actitudes, sentimientos y comportamientos hacia mis hijos.
8. **Yo – Como amigo:** Actitudes, sentimientos y comportamientos hacia mis amigos.
9. **Yo – Como trabajador:** Interés en mi carrera profesional, y otras actitudes, sentimientos y comportamientos relacionados con el medio laboral o escolar.
10. **Yo – Como ciudadano:** Actitudes, sentimientos y comportamientos hacia mis conciudadanos, participación política y comunitaria, etc.

Cuando encuentres un momento tranquilo puedes hacer una lista con tus dotes y tus debilidades, teniendo en cuenta las diez facetas enumeradas. Puedes emplear el guión de la Tabla 25.

Sería interesante que te tomases un tiempo para realizar el ejercicio de anotar lo bueno y lo malo que ves en ti, clasificándolo dentro de cada una de las facetas del ser humano que hemos establecido, antes de continuar con este capítulo. Al finalizar el ejercicio tendrás diez listas con tus virtudes y diez listas con tus defectos, para cada una de las áreas consideradas (Yo – Físico, Yo – Emocional, Yo – Intelectual, etc.).

VALORARNOS EN LO QUE SOMOS (O MÁS)

Tabla 25. Lo bueno y lo malo de mí como persona.

MIS VIRTUDES	MIS DEFECTOS
1. Lo bueno de mi Yo-Físico	1. Lo malo de mi Yo-Físico
2. Lo bueno de mi Yo-Emocional	2. Lo malo de mi Yo- Emocional
3. Lo bueno de mi Yo-Intelectual	3. Lo malo de mi Yo- Intelectual
4. Lo bueno de mi Yo-Espiritual	4. Lo malo de mi Yo- Espiritual
5. Lo bueno de mí como hijo	5. Lo malo de mí como hijo
6. Lo bueno de mí como pareja	6. Lo malo de mí como pareja
7. Lo bueno de mí como progenitor	7. Lo malo de mí como progenitor
8. Lo bueno de mí como amigo	8. Lo malo de mí como amigo
9. Lo bueno de mí como trabajador	9. Lo malo de mí como trabajador
10. Lo bueno de mí como ciudadano	10. Lo malo de mí como ciudadano

© Pedro Moreno. *Todos los derechos reservados. Reproducido con permiso.*

Ahora que ya has realizado el ejercicio, y lo has puesto por escrito, me gustaría que realizases otro ejercicio antes de analizar los resultados. Selecciona la lista de virtudes y la lista de defectos para cada una de las facetas exploradas y recuenta cuántas virtudes y cuántos defectos has encontrado en cada área. Coloca esos números en la casillas correspondientes de la Tabla 26 y resta los defectos a las virtudes, respetando el signo. Por ejemplo, si has encontrado 4 virtudes y 2 defectos en tu Yo-Como ciudadano, en la casilla de "Saldo" escribirás un dos (4-2=2). Si has encontrado 4 virtudes y 4 defectos, escribirás un cero (4-4=0). Si has encontrado 4 virtudes y 7 defectos, escribirás un –3 (4-7= –3). En la casilla de "Saldo Total" (situada abajo a la derecha) escribirás la suma de todos los saldos, respetando el signo de cada saldo. En la Tabla 27 tienes como ejemplo el test de un paciente.

Tabla 26. Calculando tu saldo de autoestima.

Faceta	Nº de virtudes	Nº de defectos	Saldo
Yo-Físico			
Yo-Emocional			
Yo-Intelectual			
Yo-Espiritual			
Yo-Como hijo			
Yo-Como pareja			
Yo-Como progenitor			
Yo-Como amigo			
Yo-Como trabajador			
Yo-Como ciudadano			
		Saldo Total	

© Pedro Moreno. Todos los derechos reservados. Reproducido con permiso.

Tabla 27. Un ejemplo de cálculo de saldo de autoestima.

Faceta	Nº de virtudes	Nº de defectos	Saldo
Yo-Físico	2	15	-13
Yo-Emocional	4	7	-3
Yo-Intelectual	2	9	-7
Yo-Espiritual	3	4	-1
Yo-Como hijo	2	4	-2
Yo-Como pareja	1	5	-4
Yo-Como progenitor	1	7	-6
Yo-Como amigo	2	4	-2
Yo-Como trabajador	1	6	-5
Yo-Como ciudadano	1	3	-2
		Saldo Total	-45

Valorando los resultados

Las virtudes representan lo que somos o creemos ser y los defectos lo que nos aleja del ideal que tenemos para nosotros. Por tanto, el valor de saldo en cada fila refleja la autoestima que sentimos en cada una de las facetas consideradas. La suma total de la columna de saldos, el saldo total, nos da una aproximación de la valoración global que realizamos de nosotros mismos.

Los valores positivos (mayores que cero) indican una valoración positiva de nosotros en el área en cuestión. Los valores negativos (menores que cero) indican una baja autoestima en el área considerada. El saldo total de autoestima se valora de modo similar: si es mayor que cero, autoestima positiva; si es menor que cero, baja autoestima.

Si has obtenido la mayoría de saldos negativos, es muy probable que sufras una baja autoestima global.

No obstante, las limitaciones de este test son evidentes, ya que los seres humanos no damos el mismo valor a todas las virtudes y los defectos. Sin embargo, este test no establece esa distinción, entre otros motivos por no complicarlo aún más.[4]

Mejorar la autoestima con técnicas cognitivas

Para mejorar la autoestima es necesario, entre otras cosas, pensar con claridad. Para ello serán de utilidad las herramientas que describimos en el capítulo anterior. Nuestra tarea consiste, igualmente, en detectar qué nos decimos a nosotros

---

4. El lector interesado en un análisis más fino puede ponderar esas puntuaciones, por ejemplo, según la importancia que tienen para él y calcular un saldo ponderado.

mismos *justo antes* de sentirnos mal. Qué pensamos y qué nos decimos a nosotros mismos sobre nuestro valor como personas. Qué insultos o palabras taquigráficas aparecen en nuestra mente y qué queremos decirnos con esas palabras para hacernos sentir tan mal.

Es necesario que nos cuestionemos *qué evidencia tenemos* para mantener esos pensamientos que nos valoran o juzgan. ¿Realmente es cierto eso que pensamos de nosotros mismos? ¿Somos "Torpes", "Tontos" o "Inútiles" en todas las situaciones, en todo momento? ¿Realmente eso es así? ¿Somos tan "feos" que no merecemos vivir? ¿Dónde está escrito que la belleza física sea el valor supremo para determinar el derecho a la vida de una persona? Cierto es que la sociedad actual sobrevalora el aspecto físico, el culto al cuerpo y a la estética, pero ¿realmente el valor de una persona reside en si tiene algo más de grasa en determinadas zonas de su cuerpo? Si así fuera, a lo largo de toda la historia de la humanidad se habría mantenido el mismo ideal de belleza física. Pero no ha sido así. En la Grecia clásica se valoraba el cuerpo apolíneo, pero hace unos siglos lo más de moda era tener algunos kilos extra, como las Tres Gracias de Rubens. En los años 90 del siglo xx se cotizaban las modelos anoréxicas, pero actualmente se rechaza la delgadez extrema –al menos mientras escribo estas líneas–.

También es necesario analizar qué papel cumplen las autoacusaciones o valoraciones negativas que realizamos sobre nosotros mismos, descubrir la utilidad que puedan tener. No quiero decir que deseemos sentirnos mal a propósito, pero es cierto que a veces preferimos pensar mal de nosotros mismos porque obtenemos ciertos beneficios, como la compasión de los demás, la excusa de errores, u otros.

Puede ser interesante que te plantees qué ganas tú manteniendo una baja autoestima. Qué beneficios obtienes para ti a corto plazo. ¿Alivio de la ansiedad? ¿Alivio de la culpa? ¿Te exime de responsabilidades?

Las estrategias comentadas serán de utilidad en muchos casos, especialmente si dedicamos tiempo a registrar los pensamientos que ocurren justo antes de sentirnos mal y luego los comentamos con alguna persona de confianza, y que tenga capacidad para analizar si estamos distorsionando o no con esa forma de interpretar nuestra realidad.

Mejorar la autoestima con autohipnosis

Para aquellas personas que tienen una baja autoestima global, las técnicas cognitivas pueden ser más difíciles de realizar y en algunos casos pueden resultar insuficientes. El problema aquí es que la baja autoestima proviene de unas creencias globales negativas sobre uno mismo que se aceptaron de forma incondicional. El mecanismo por el cual esas creencias son tan influyentes se denomina *sugestión*, o aceptación de creencias como verdaderas sin recurrir al análisis crítico de su veracidad. Recibir críticas o rechazo de personas con autoridad cuando no tenemos capacidad para contrastar la realidad que las avala, como ocurre sobre todo en la infancia y la primera adolescencia, nos lleva a la aceptación completa de esas críticas o afirmaciones sobre nuestra baja valía.

Una vez adultos, si realmente lo deseamos, también es posible dejarnos sugestionar por creencias que contrarresten nuestra baja autoestima. De hecho, conservamos la misma capacidad de ser sugestionados que cuando fuimos niños, pues la sugestionabilidad no se pierde con los años. Lo que sí puede ocurrir es que estemos más pendientes de las nuevas opiniones que vierten sobre nosotros, teniendo lugar un efecto perverso: por un lado, aceptamos sin ningún cuestionamiento aquellas críticas que sintonizan con nuestra baja autoestima; por otro lado, somos especialmente incrédulos ante los datos que contradicen nuestra sensación de bajo valor. La crítica racional de las nuevas creencias contrarresta nuestra tendencia natural a ser sugestionados positivamente.

Créeme, tú eres capaz de aceptar opiniones positivas sobre ti mismo. Eres capaz de descubrir tu auténtico valor como persona. En tus manos está aceptarte y apreciarte. Todos los seres humanos tenemos un valor inherente a nuestra condición, con independencia de los logros materiales o sociales, o de nuestros atributos personales como inteligencia, belleza física o habilidad para relacionarnos con los demás. ¿O acaso tiene más derecho a vivir una modelo cotizada que la vecina del segundo cuando lleva rulos y batín? ¿Tiene más derecho a vivir el catedrático de psicología que su secretaria? ¿O tiene más derecho a vivir el presidente del Banco Europeo que un taxista? Los logros académicos, profesionales o sociales no hacen la dignidad de la persona, aunque la sociedad insista sutilmente en asociar el estatus y la valía personal. La valía personal tan sólo depende del hecho de ser un ser humano, con sus virtudes y sus defectos. Lo único que realmente diferencia a las personas es el esfuerzo cotidiano que realizan para superar los defectos que les hacen menos merecedores del calificativo de personas de bien.

Una forma que yo he encontrado útil para mejorar la baja autoestima global de mis pacientes es la hipnosis. Antes de proseguir, debo señalarte que la hipnosis clínica no tiene nada que ver con los espectáculos de televisión. Esos espectáculos se aproximan más al circo que al uso serio de procedimientos de psicoterapia rigurosos.

La *hipnosis* es la inducción de un estado que favorece especialmente la aceptación de nuevas ideas, pensamientos y sentimientos sobre uno mismo. Ayuda a rebajar la crítica racional y permite que calen más profundo esas creencias positivas sobre uno mismo. Está especialmente indicada para aceptar nuevas creencias que reconocemos como reales pero nos cuesta asimilar emocionalmente. Su utilidad, por ejemplo, es apreciada especialmente cuando reconozco en el plano racional que todos los seres humanos –incluido yo– tienen valor, pero no logro creérmelo en el plano emocional para mi caso particular.

Afortunadamente, es posible también la *autohipnosis,* que es un estado de hipnosis (algo más suave pero suficiente) provocado por uno mismo. Recordemos que el mecanismo básico que promueve la hipnosis es reducir la crítica racional de las nuevas creencias y dejar que nuestra capacidad natural para sugestionarnos haga el resto. Nunca pueden hipnotizarte ni introducirte ideas que tú no deseas aceptar, si tú no permites dejarte hipnotizar ni te dejas llevar a un estado de baja crítica racional. Precisamente por esto falla la hipnosis en las personas que la temen o que desean aprender su mecanismo. Alguna vez mis alumnos me han pedido que los hipnotice para ver cómo se hace, y el resultado suele ser mediocre (cuando accedo a esa demostración). El motivo de que no funcione en esos casos es que la persona que tratamos de hipnotizar está alerta y analizando críticamente cada paso, cada instrucción, cada palabra, con la intención de aprender el procedimiento de la hipnosis. Es como si quisiéramos emocionarnos con una película romántica analizando continuamente la buena o mala interpretación de los actores, la calidad del rodaje o la tecnología empleada para realizar los efectos especiales. Para emocionarse viendo una película tan sólo necesitamos dejarnos llevar. Ése es el poder de la hipnosis. El poder de la sugestión.

Para que logres una autohipnosis de calidad suficiente es necesario que tengas cierta práctica en relajación. El estado de relajación atenúa la crítica racional, facilitando la aceptación de las nuevas creencias sobre uno mismo. Por ello, si no has practicado los ejercicios de relajación del capítulo 6, éste sería un buen momento para comenzar con ellos. Recuerda que para que la relajación haga un efecto claro es necesario practicarla a diario durante al menos dos o tres semanas.

Para practicar la autohipnosis, tan sólo tienes que grabar en una cinta el texto de la Tabla 28. Como puedes comprobar, comenzamos la autohipnosis con el mismo texto que empleamos para lograr la relajación por evocación. Ése es un buen paso para entrar en autohipnosis y resulta sencillo para la mayoría de las personas. No obstante, siéntete libre de modificar aquellas frases que no te hagan sentir cómodo y repite la grabación de la cinta hasta que te parezca aceptable el resultado.[5] A partir de ahí, lo importante es escuchar una y otra vez esa cinta, día tras día.

---

5. Ten en cuenta las recomendaciones que hicimos para la grabación de cintas de relajación, dentro del apartado "Problemas que pueden surgir" del capítulo 6.

Tabla 28. Texto sugerido para autohipnosis.

Ponte cómodo y cierra los ojos. Deja que tu cuerpo se vaya concentrando en las sensaciones que van a venir a continuación...

Comenzaremos por tu brazo derecho. Centra tu atención en ese brazo... Y suelta la tensión del puño, suéltala toda y deja que se relaje. Y concéntrate en la sensación de relajación que ocurre en la mano derecha, en el antebrazo y en todo el brazo... Centra tu atención en esa sensación. Una sensación de ligereza o de pesadez, puede que notes incluso un ligero hormigueo o un poco de calor... Eso está bien. Quizá notes que el brazo se queda blando, flojo, suelto... Eso es la relajación muscular. Permítete sentir esas sensaciones agradables...

Ahora el brazo, el antebrazo y la mano ya se han relajado. Han quedado blandos, flojos y suaves.

Deja que tu respiración se haga suave y rítmica, sin forzar. El aire circula de forma suave y llega hasta tu abdomen. Trata de respirar con la parte baja de los pulmones, de forma suave y rítmica, sin forzar...

Ahora suelta la tensión del puño izquierdo. Deja que se relaje la mano, el antebrazo y todo el brazo izquierdo... Concentra tu atención en las sensaciones de relajación que pueden ocurrir: pesadez, flojedad, suavidad... todas estas sensaciones pueden producirse en el brazo y en la mano. Permite que aparezcan esas sensaciones inofensivas y relajantes...

El brazo izquierdo se queda suave, blando, flojo, libre de tensión... Y la respiración continúa suave y tranquila, sin forzar. Una respiración abdominal, suave y tranquila, sin forzar.

Ahora vamos a dejar que se relajen los músculos de la cara...

La frente se queda suave y blanda, libre de tensión...

Los párpados se relajan, quedan sueltos y casi no se sienten...

El entrecejo y la nariz liberan su tensión...

La mandíbula y la lengua también se aflojan y quedan sin tensión.

Ahora la cara se ha relajado. También los brazos. Y la respiración es suave, tranquila y profunda. Sin forzar...

A continuación vamos a relajar el cuello. Deja que la tensión se libere... Y el cuello queda blando, suave y sin tensión... El cuello se relaja... Concentra tu atención en la sensación de relajación y bienestar que se va acumulando... La respiración tranquila y suave, los brazos relajados, la cara relajada y ahora también el cuello relajado...

Los hombros se relajan y la espalda parece quedar blanda, caliente o floja. Los músculos quedan blandos y suaves... relajados.

El pecho y la espalda se relajan. Concentra tu atención en las sensaciones que se producen... Concentra tu atención en las sensaciones de la relajación: los músculos se aflojan, quedan sueltos y blandos. Disfruta de esa sensación de relajación que se va produciendo y que aumenta cada vez más...

Ahora suelta la tensión que pueda haber en los músculos del abdomen... Los músculos quedan blandos y tu atención se concentra en la relajación y en las sensaciones agradables que se producen... Disfruta de la sensación agradable que sientes al permitir que la tensión se disuelva. Siente cómo los músculos se aflojan y quedan blandos y tranquilos...

Ahora vamos a centrar la atención en la parte media y baja de la espalda. Explora los puntos de tensión que pueda haber... Y suelta la tensión... De nuevo se producen sensaciones agradables de relajación... Concentra tu atención en esas sensaciones agradables que se producen...

Y la respiración continúa suave y tranquila, relajante y sin forzar... El aire entra y tu cuerpo se relaja... El aire sale y la tensión se va... La respiración continúa suave, profunda y sin forzar. Relajante y agradable. Suave y abdominal...

Ahora centramos la atención en la pierna derecha. Explora los puntos de tensión que pueda haber... Y suelta esa tensión... El pie se relaja; la pantorrilla y el muslo, también... Concentra tu atención en todos los músculos que se van relajando con sólo evocar las sensaciones de la relajación... Los músculos quedan blandos, calientes o flojos, sin tensión... Concentra tu atención en las sensaciones de relajación que realmente se producen en la pierna derecha...

Y ahora llevamos la atención a la pierna izquierda... Buscamos cualquier pequeña tensión que pueda quedar... y permitimos que esa tensión se disuelva... Todos los músculos del muslo, la pantorrilla y el pie se relajan... La pierna se relaja. El pie, la pantorrilla y el muslo se relajan... Sientes una sensación agradable de pesadez, tranquilidad o relajación que recorre tu pierna izquierda...

Y todo tu cuerpo se ha relajado... Los brazos... la cara y el cuello... los hombros... el abdomen... la espalda... y las piernas...

La respiración se ha hecho tranquila y profunda, suave y sin forzar, abdominal y relajante... Siente el ritmo suave y tranquilo... Siente la paz que te reporta esa respiración tranquila, abdominal y profunda... Siente cómo se renueva tu energía, cómo la tensión abandona tu cuerpo... Siente cómo la tranquilidad y la relajación se hacen más y más agradables... Permítete sentir esas sensaciones agradables. Tienes derecho a sentirte tranquilo y relajado...

Disfruta un rato de estas sensaciones y siente cómo renuevan también tu mente...

Ahora vamos a contar mentalmente hasta 20. Al llegar a ese número, tu cuerpo y tu mente habrán alcanzado un estado de trance hipnótico.

Al alcanzar ese trance hipnótico, tu mente se relajará aún más y te sentirás más y más confortable. Más y más cómodo contigo mismo, con tu mente y con tu cuerpo. Los pensamientos quedarán tranquilos y tu mente se concentrará con atención en las palabras que llegan desde aquí a tu mente...

Uno... dos... tres... cuatro... cinco... tu mente se va centrando en ese estado de trance que se aproxima...

Seis... siete... ocho... nueve... diez... vamos por la mitad. El camino hacia el trance hipnótico se ha recorrido hasta la mitad, y tu cuerpo y tu mente comienzan a responder. Comienzan a recordar que es posible creer... Que todo puede cambiar...

Once... doce... trece... catorce... quince... Tu mente continúa entrando en ese estado profundo de trance... Ese estado agradable de trance profundo...

Dieciséis... diecisiete... dieciocho... diecinueve... y veinte... Trance profundo... Trance agradable... Trance relajante...

Un estado agradable de paz... Un estado de tranquilidad... de encuentro con uno mismo... Un retorno a lo básico... a lo que realmente nos hace sentir bien...

Y ahora nos encontramos en un prado elevado... sobre una colina... Todo es verde a tu alrededor... El cielo es azul... con alguna pincelada blanca muy suave... Un día soleado suave y de temperatura agradable... muy agradable...

Se escuchan algunos sonidos lejanos que nos llaman la atención... Parece el murmullo del agua... Es el agua de un arroyo campestre que hay en el fondo del valle, junto a unos álamos frondosos...

Apetece caminar hacia allí, tranquila y reposadamente... y comenzamos a bajar la colina...

A medida que caminamos, el sonido del arroyo se oye con más claridad y resulta agradable...

Y seguimos caminando... Con cada paso que damos, la sensación de paz y de tranquilidad se hace más y más clara... más y más presente... Y seguimos caminando... caminando...

Y nos acercamos a los álamos del arroyo...

Y vemos un banco junto al arroyo que nos invita a sentarnos...

Nos acercamos y bebemos un poco de esa agua cristalina, fresca, que procede del deshielo de la primavera...

Y nos sentamos en el banco, junto al arroyo...

Estamos bajo la sombra suave de un álamo y se respira paz... tranquilidad... Mucha paz... Y mucha tranquilidad...

Allí sentado eres capaz de captar mucho mejor el significado de las cosas... Tu mente deja paso a la intuición... Y se hace evidente que eres capaz de descubrir tu auténtico valor como persona...

Ahora intuyes que siempre estuvo contigo una parte amable de ti... Una parte de ti que siempre pensó que tenías grandes cualidades... Que eras una persona válida...

Comienza a hacerse evidente que posees un valor que otros supieron ver, pero que escapaba a tu mirada cotidiana...

Puedes ver que en tus manos está aceptarte y apreciarte... Tú eres lo mejor que tienes, tu bien más preciado... Con virtudes y defectos... HUMANO... En una palabra...

Todos los seres humanos tenemos un valor inherente a nuestra condición... con independencia de los logros... Con independencia de ser listo o tonto, guapo o feo, agradable o huraño con los demás...

Los logros académicos, profesionales o sociales no hacen la dignidad de la persona... aunque la sociedad insista en eso...

Tu valor como persona está ahí... Siempre ha estado... A partir de hoy... y cada día más... es más y más sencillo darte cuenta de ese valor que siempre estuvo...

Cada día te resulta más sencillo aceptarte en tus virtudes...

Y ahora imagina que hay una pizarra frente a ti. Una pizarra de las de toda la vida. Escribe en ella los insultos y las descalificaciones que te dedicas cuando estás mal...

Y ahora vas a ir borrando una a una esas malas palabras... esas agresiones contra la realidad de tu valor interno...

Bórralas una a una y sentirás que dejan de tener sentido para ti... Podrán venir más adelante a tu mente... pero cada día que pase esas palabras tendrán menos sentido para ti... Cada día que pase esas palabras tendrán menos capacidad de herir... Como la punta de una flecha que se derrite... y se hace de goma...

Cuando desees levantarte, tan sólo tienes que contar de cinco a uno y mover un poco las piernas y los brazos antes de abrir los ojos. Levántate de forma suave, pues la relajación que acompaña a la autohipnosis ha hecho que todos tus músculos queden blandos y agradablemente flojos, sin tensión.

© Pedro Moreno. Todos los derechos reservados. Reproducido con permiso.

Paso 5º.
LOGRAR LA RELAJACIÓN CONDUCTUAL

11

SER ASERTIVO

En este capítulo:
- Explicamos las bases de una relación saludable con los demás.
- Analizarás tu estilo de relación particular.
- Aprenderás a expresar tus sentimientos adecuadamente.

¿Sientes que abusan de ti, que no respetan tus derechos? ¿Tienes la impresión de que a los demás les resulta más fácil decir lo que piensan y hacer lo que quieren realmente? En ocasiones, ¿llegas a explotar y dices todo lo que piensas, pese a quien pese? Si has respondido sí a alguna de estas cuestiones podrías tener un déficit de asertividad.

En nuestras relaciones sociales no siempre actuamos del modo deseado. En unos casos, esto debe ser así por las convenciones sociales. En otros casos, esto es así porque nos resulta muy difícil comportarnos como queremos, aún a costa de nuestra propia salud. En cualquier caso, el manejo inadecuado de las relaciones sociales es una de las principales fuentes de estrés para algunas personas.

A veces, estas situaciones problemáticas pueden producirse accidentalmente, como cuando nos devuelven mal el cambio por error. En otras ocasiones, cuando el problema es sistemático, es típico que se sufran dificultades especiales con algunas personas y no con otras. Estas personas pueden ser compañeros de trabajo, el jefe, la pareja, algún hijo, un vecino, el tendero... Generalmente, alguna persona que tiende a no respetar nuestros derechos básicos.

Nuestra respuesta en esas situaciones contiene la clave del problema.

Agresividad, sumisión y asertividad

Los psicólogos distinguimos, básicamente, tres estilos a la hora de relacionarnos con los demás: estilo sumiso, estilo agresivo y estilo asertivo. El *estilo sumiso* implica comportarse de un modo pasivo, sin aceptar los derechos asertivos fundamentales del ser humano y claudicando ante la conducta manipulativa de los demás (ver Tabla 29).

Tabla 29. Derechos asertivos fundamentales.

1. Yo soy quien juzga en último término mi conducta, mis pensamientos y mis emociones, aceptando la responsabilidad de mis actos y sus consecuencias.
2. No estoy obligado a justificar mi comportamiento, ni debo excusarme por mis actos, pensamientos o sentimientos.
3. No estoy obligado a ayudar a los demás, aunque puedo hacerlo si realmente lo deseo.
4. Puedo cambiar de opinión, aun a riesgo de contradecirme, e incluso puedo tomar decisiones ilógicas o absurdas.
5. Puedo ser imperfecto e ignorante y tengo derecho a cometer errores, aceptando sus consecuencias.
6. No estoy obligado a gustar a todos, en todo momento.
7. Puedo pedir explicaciones a los demás, aceptando que no las quieran dar.
8. No estoy obligado a ser feliz ni a desear lo que quiere la mayoría de las personas.

Una persona sumisa concede a los demás el derecho a juzgarles y se siente obligada a justificar su comportamiento y a pedir excusas por sus actos. Se siente obligada a ayudar a los demás, aun no deseando hacerlo o sintiendo que le piden una ayuda abusiva o fuera de lugar. Se siente presa de su opinión y de la obligación autoimpuesta de ser coherente, de no parecer una veleta en sus opiniones ante los demás, aunque hayan cambiado las circunstancias de forma notable y pudiera ser lógico un cambio de parecer. Siente la necesidad de parecer perfecta ante los demás. Desea gustar a todos, en todo momento, sin caer en la cuenta de que resulta imposible que *todos* puedan aceptarnos al mismo tiempo (entre otros motivos, porque unos pueden valorar que seamos altos, por ejemplo, y otros pueden pensar que somos *demasiado* altos).

Una persona sumisa evita entrar en conflictos, se muestra pasiva ante los abusos y puede experimentar una gran tensión interior. Esa tensión se puede manifestar con cualquiera de los síntomas de la ansiedad, especialmente preocupaciones y síntomas físicos (palpitaciones, sensación de ahogo, náuseas, etc.). Una paciente que tuve no podía contener la tensión que le provocaba el comportamiento abusivo de su suegra y acababa vomitando todo cuanto comía. Otro paciente tardó más de un año en finalizar su relación de pareja por miedo a la reacción que podía tener ésta. Sólo plantearse la conversación con ella ya le producía un elevado grado de tensión, que podía llegar a quitarle el sueño durante unas horas.

El *estilo agresivo* es el polo opuesto de la sumisión. En la defensa de los propios derechos, no se duda en herir a la persona con la que se está relacionando. La persona agresiva tiende a interpretar las peticiones como abusos, desconsideraciones, falta de tacto o insensibilidad. Es una persona que se niega a aceptar la responsabilidad de sus actos y puede mostrarse autoritaria. Este estilo incluye a las personas que tienen grandes dificultades para ponerse en el lugar del otro, para empatizar con él.

No debemos confundir el estilo agresivo con una variante del estilo sumiso, el *sumiso explosivo*. Esta variante incluye a las personas básicamente sumisas que tienen "explosiones agresivas" en determinadas circunstancias, cuando "ya no aguantan más".

Finalmente, el *estilo asertivo* es una forma de manejar la relación con los demás de modo que sean respetados los derechos fundamentales de uno y al mismo tiempo se conserve la relación con el otro dentro de unos límites aceptables. Consiste en actuar creyendo –al cien por cien– en los derechos asertivos expuestos en la Tabla 29. Por lo que una persona asertiva estaría plenamente convencida de que ella es quien juzga en último término su conducta, pensamientos y emociones, aceptando, eso sí, la responsabilidad de los actos que realiza y las consecuencias que de ellos se derivan. Por tanto, una persona asertiva:

- No se siente obligada a justificar ni excusar su comportamiento. Acepta de forma responsable y madura las consecuencias de sus actos, pensamientos y sentimientos, sin recurrir a justificaciones o excusas.
- Sabe y acepta que no puede gustar a todos, en todo momento. Tiene conciencia de que los demás emplean criterios distintos para valorar a las personas y que no existe un criterio universal, válido para todos en todo momento.
- Puede ayudar a los demás cuando lo cree oportuno, pero no se ve *obligada* a ello. Sabe que está bien ayudar al necesitado, pero entiende que no debe *sacrificarse* por la humanidad, que no tiene la carga de ser santo en vida.

- Se siente con derecho a pedir explicaciones a los demás, aunque acepta que los demás pueden negárselas.
- Se siente libre de cambiar de opinión cuando lo cree conveniente. No piensa que deba mantenerse coherente contra viento y marea, pues se sabe con derecho a cambiar de parecer si estima que es lo mejor dadas las circunstancias y sus necesidades.
- Ve la felicidad como algo deseable, pero no se siente obligado a buscarla como los demás suponen que sea la forma más lógica de hallarla. Sabe que hay muchas trampas en las supuestas vías para ser feliz que nos propone la sociedad –tener una casa más grande, un mejor coche, un mejor aspecto físico, etc.– y se mantiene independiente de lo que la sociedad acepta como lógico, pues se siente con derecho a definir por sí mismo cómo y con qué quiere ser feliz.
- Acepta que tiene derecho a equivocarse y a ser imperfecto. Sabe que nacemos imperfectos y morimos imperfectos. Sabe que aprendemos de los errores y está dispuesto a asumir esas lecciones como una forma de ser más él mismo cada día.
- Se siente con derecho a tomar decisiones absurdas e irracionales, aunque también sabe que sólo él es responsable de sus consecuencias.

En la práctica se nota aún más la diferencia entre estos tres estilos. Veamos algunos ejemplos:

Ejemplo 1.– En una panadería, el dependiente devuelve mal el cambio.

- RESPUESTA SUMISA: Marcharse sin decir nada, aun pensando que nos han tomado el pelo.

- RESPUESTA AGRESIVA: "¿Pero se piensa usted que soy tonto? ¡Devuélvame lo que me falta inmediatamente!"
- RESPUESTA ASERTIVA: "Perdone, pero creo que ha habido un error en el cambio. ¿Podría comprobarlo?"

Ejemplo 2.– En una heladería nos ponen, por equivocación, el helado más grande y costoso.

- RESPUESTA SUMISA: Tomar el helado sin rechistar, aunque es de un sabor que no nos gusta. O no tomarlo, pero pagarlo igualmente.
- RESPUESTA AGRESIVA: Insultar al dependiente y exigirle que se lo lleve inmediatamente. Levantarse airadamente y marcharse sin pagar ninguno de los helados correctamente servidos.
- RESPUESTA ASERTIVA: Llamar al responsable de atención al cliente y explicarle la equivocación, solicitando que le sirvan el helado pedido inicialmente.

Ejemplo 3.– Mi suegra pide que vaya a comer *todos* los fines de semana, enfadándose cuando no voy. Un día me pide explicaciones por "faltar a la cita".

- RESPUESTA SUMISA: "No volverá a ocurrir. Lo siento. Me fue imposible ir, debido al trabajo".
- RESPUESTA AGRESIVA: "Estoy harto de las comidas dominicales. No creo que vuelva a verme el pelo. ¡Y dé gracias que permito que vaya su hija!".
- RESPUESTA ASERTIVA: "Le agradezco que me echara de menos, pero el domingo quedamos varios amigos para ver una exhibición de piragüismo. ¿Lo pasaron bien?".

***Ejemplo* 4**.– Mi mujer me echa en cara que *nunca* podemos salir ni llevar una vida "normal" por culpa de mi agorafobia.
- RESPUESTA SUMISA: "Lo siento. Sé que te he defraudado y soy débil. Perdóname".
- RESPUESTA AGRESIVA: "Si tú tuvieras un problema como el mío no verías todo tan fácil. ¡Ya que todos mis problemas fueran elegir el color de las uñas! No estoy dispuesto a tolerarte ni un comentario más sobre mi agorafobia. Si no lo quieres entender... ya sabes dónde está la puerta".
- RESPUESTA ASERTIVA: "Lamento que te afecte mi agorafobia, pero el psicólogo me ha dicho que necesito tomarme mi tiempo. Si es que hoy te apetece, sal tú con tus amigas. En la medida en la que vaya saliendo adelante, todos nos sentiremos mejor".

***Ejemplo* 5**.– El jefe me pide que trabaje todos los días un par de horas más, sin pagarlas como horas extraordinarias.
- RESPUESTA SUMISA: "No se preocupe. Entiendo que debo dedicarme un poco más". Interiormente piensa: "Seguro que ve que mi rendimiento no es suficiente. Si no lo hago me echará a la calle y no encontraré otro trabajo".
- RESPUESTA AGRESIVA: Con tono irascible, pero contenido: "¿Esto también es 'por la empresa'? Habrá que venir, qué le vamos a hacer". Interiormente piensa: "¿Qué se habrá creído este cretino? La empresa presumiendo de 'resultados' y nosotros esclavizados".
- RESPUESTA ASERTIVA: "Perdón, ¿hay algún motivo especial para venir fuera del horario laboral? ¿Es voluntaria la asistencia?".

Estos estilos de respuesta tienen sus ventajas y sus inconvenientes, como es fácil adivinar. El agresivo logra el respeto de sus derechos, aunque es probable que le teman los demás o huyan de él por su carácter. El sumiso también tiene sus ventajas, pues todos lo ven como una persona acomodaticia y que no da problemas. Pero como inconveniente principal experimenta una sensación de baja autoestima, pues en el fondo sabe que los demás abusan de él y no sienten respeto por su persona.

El estilo asertivo es la línea moderada. Es capaz de hacer valer sus derechos y al mismo tiempo no pisotea los derechos ajenos, dando lugar a una relación más equitativa y saludable.

Identificar los puntos débiles

Como decíamos en la introducción de este capítulo, las personas no son siempre sumisas, agresivas o asertivas. La expresión de las conductas asertivas depende mucho de *qué* tengamos que hacer y *con quién* para conseguir nuestras metas. No resulta igual de sencillo mostrarse asertivo cuando nos queremos negar a un favor que nos pide el jefe, que si nos pide el favor nuestro amigo de toda la vida y con quien es habitual hablar con sinceridad.

Por tanto, para lograr mostrarnos más asertivos es fundamental identificar claramente con quién y en qué circunstancias tenemos dificultades. No es lo mismo pedir un favor a nuestra pareja que pedirlo a un desconocido. Tampoco nos sentimos con la misma libertad para opinar con todas las personas ni nos resulta igual de sencillo pedir explicaciones a los demás, con independencia de a quién pidamos esas explicaciones. Para facilitarte la tarea puedes emplear el Test 5. En la Tabla 30 tienes, como ejemplo, el test que rellenó una paciente.

Test 5. Evaluando la asertividad.

Instrucciones: Marca una X en las casillas A, si te muestras sumiso o agresivo. Puntúa de 0 a 10 la intensidad de esa dificultad en la casilla B.	1. PERSONAS CON LAS QUE SOY SUMISO O AGRESIVO																			
	PAREJA		PADRE		MADRE		HIJO/S		FAMILIA PROPIA		FAMILIA DE MI PAREJA		AMIGOS		COMPAÑEROS DE TRABAJO		JEFE, PROFESORES		CONOCIDOS		DESCONOCIDOS
2. CUANDO...	A	B	A	B	A	B	A	B	A	B	A	B	A	B	A	B	A	B	A	B
Pido favores																				
Opino distinto																				
Discuto																				
Doy órdenes																				
Me critican																				
Negocio																				
Me culpan																				
Me siento mal																				
Me siento bien																				
Pido explicaciones																				

© Pedro Moreno. Todos los derechos reservados. Reproducido con permiso.

Tabla 30. El test de asertividad de Luisa.

Instrucciones: Marca una X en las casillas A, si te muestras sumiso o agresivo. Puntúa de 0 a 10 la intensidad de esa dificultad en la casilla B.	1. PERSONAS CON LAS QUE SOY SUMISO O AGRESIVO																			
	PAREJA		PADRE		MADRE		HIJO/S		FAMILIA PROPIA		FAMILIA DE MI PAREJA		AMIGOS		COMPAÑEROS DE TRABAJO		JEFE, PROFESORES		CONOCIDOS		DESCONOCIDOS
2. CUANDO...	A	B	A	B	A	B	A	B	A	B	A	B	A	B	A	B	A	B	A	B
Pido favores													X	6						
Opino distinto	X	5											X	4						
Discuto											X	9	X	5						
Doy órdenes																				
Me critican											X	8	X	7						
Negocio																				
Me culpan	X	9																		
Me siento mal																				
Me siento bien																				
Pido explicaciones											X	8								

Las principales dificultades que indicó Luisa en nuestra primera conversación giraban en torno a la relación con su suegra. Tras rellenar el test de asertividad pudimos comprobar que también tenía dificultades para mostrarse asertiva en otras situaciones y con otras personas (ver Tabla 30).

Resulta útil explorar a fondo qué dificultades experimentas y con quién, pues es necesario planificar diversos ejercicios para mejorar nuestra conducta asertiva. El test de asertividad nos permite obtener un mapa de nuestro comportamiento asertivo, detallando con qué personas y en qué situaciones particulares tenemos dificultades. Siéntete libre de incorporar más personas y más situaciones si crees que puedes tener dificultades para mostrarte asertivo que no estén cubiertas por el test. En realidad, cuanto más concretes, más sencillo y efectivo resultará el desarrollo de la conducta asertiva.

Desarrollando la asertividad

Mostrarse asertivo es una habilidad que puede aprenderse, del mismo modo que podemos aprender a conducir un coche o hablar inglés como una segunda lengua. La clave del éxito reside en la práctica; cuanto más práctica, mejor.

Para organizar la práctica del modo más sencillo posible, resulta interesante establecer un programa de entrenamiento que conste de los siguientes pasos:

1. Observar las conductas asertivas de los demás.
2. Ensayar las conductas asertivas con una persona distinta de con quien nos cuesta mostrarnos asertivos.
3. Practicar la conducta asertiva con la persona con quien nos resulta difícil mostrarnos asertivos.

Observando la asertividad ajena

Muchas de las habilidades que aprendemos los seres humanos se aprenden así: observando a otras personas. En la asertividad también se aplica esta regla.

Si te resulta difícil pedir favores, reclamar al tendero, expresar tu punto de vista o tus sentimientos (positivos o negativos) hacia los demás, un buen ejercicio para comenzar a desarrollar la asertividad consiste en observar cómo lo hacen los demás. ¿Cómo piden favores? ¿Cómo reclaman al tendero o a la peluquera? ¿Cómo expresan sus sentimientos o sus puntos de vista los demás? Fíjate especialmente en aquellas personas que logran su meta –pedir un favor, expresar sus sentimientos u opiniones– pero que logran, al mismo tiempo, que los demás no se sientan heridos por la conducta asertiva de nuestro modelo. ¿Cómo lo hacen? ¿Qué dicen y de qué manera? Es tan importante lo que decimos como el modo en el que lo decimos. Diría, incluso, que es más importante cómo decimos las cosas que las propias cosas en sí.

Ensayando la asertividad

El siguiente paso, una vez que hemos visto cómo lo hacen los demás, consiste en hacerlo nosotros mismos. Nunca sabemos algo realmente hasta que logramos hacerlo nosotros mismos. Una cosa es ver cómo otro pide un favor a una persona "difícil" y otra, muy distinta, es pedir uno mismo ese favor.

Para ensayar conductas asertivas, igual que con cualquier otro aprendizaje, es aconsejable comenzar por situaciones sencillas, que no sean especialmente problemáticas para nosotros en este momento. Por ello, basándote en el test de asertividad, elige aquellas situaciones que has marcado con un número más bajo.

En lugar de practicarlo directamente con la persona con la que te resulta difícil mostrarte asertivo, es preferible que practiques con alguna otra persona que te inspire confianza y se preste al ejercicio.

Trata de desarrollar un esquema de la situación. Por ejemplo, para pedir un favor al jefe, primero elegiría una situación adecuada (que no tenga prisa él) y luego le diría algo concreto y de un modo particular.

Qué hay que decir para ser asertivos es algo que depende mucho de cada situación y de las personas con quienes nos relacionamos. Cómo hay que decirlo es algo más general: mira directamente a la cara, con la espalda erecta y el cuello erguido. La postura asertiva se puede decir que es esa postura que adoptamos cuando tenemos confianza en nosotros mismos y nos mostramos relajados al relacionarnos con los otros: gestos relajados, voz audible y con un ritmo adecuado a la situación, mirada tranquila, naturalidad...

En realidad, hay una relación directa entre nuestro control de la ansiedad, la autoestima que sentimos y el grado de asertividad que mostramos. Por esto, si sientes dificultades especiales para mostrarte relajado, es conveniente que revises las técnicas de relajación del capítulo 6; si te cuesta pensar con claridad en esas situaciones, puede ser útil el capítulo 9; si la autoestima está baja, el capítulo 10 puede ser oportuno.

Por otro lado, también debes tener presente que es normal sentir un grado inicial de ansiedad cuando intentamos dejar de mostrarnos sumisos para mostrarnos asertivos. De hecho, sólo con la práctica repetida de esas situaciones en las que nos cuesta ser asertivos es como podemos llegar a sentirnos más tranquilos y confiados en ellas.

Bajo el epígrafe "Desactivar el boicot a nuestra asertividad" tienes algunas técnicas específicas que te pueden ayudar en las situaciones en las que los demás no aceptan que te expreses de modo asertivo.

Practicando en las situaciones reales

La práctica en situaciones reales es el paso definitivo en nuestro logro de la conducta asertiva. Para facilitar al máximo este último paso es imprescindible que nos atengamos de modo estricto a los resultados obtenidos en el test de asertividad. Debemos comenzar a practicar la asertividad en las situaciones y con las personas que hemos marcado un nivel más bajo de dificultad. Es importante prevenir la tendencia a ir demasiado rápido. No hay prisa. Sería agradable no tener ya ninguna clase de problemas con la asertividad, pero es vital no apresurarse. La prisa sólo conduce a practicar situaciones difíciles antes de estar suficientemente preparados. En esas circunstancias es fácil que no logremos mostrarnos asertivos y que todo el trabajo y nuestra confianza se vayan por la borda.

Desactivar el boicot a nuestra asertividad

Que nosotros deseemos mejorar nuestra asertividad está bien, pero no significa que nos lo vayan a poner fácil necesariamente aquellas personas con las que tenemos especiales dificultades en este área. Efectivamente, las personas que están acostumbradas a nuestra conducta sumisa y pasiva pueden intentar boicotear nuestros esfuerzos de cambio. Las técnicas que se presentan a continuación pueden ayudarte a manejar las conductas manipuladoras de esas personas:

Disco rayado.– Repetir lo mismo una y otra vez, como un disco rayado pero serenamente, sin entrar en justificaciones, argumentos, ni excusas. Es una forma de no entrar en el juego manipulador del otro.

Banco de niebla.– Aceptar con tranquilidad que puede haber parte de verdad en las críticas manipulativas que recibimos, pero que no por ello renunciamos a ser los jueces últimos de nuestros actos, pensamientos y sentimientos.

Aserción negativa.– Aceptar nuestros errores y faltas cuando nos critican por ellos, sin excusarnos por tener esos defectos.

Interrogación negativa.– Para que los demás se muestren menos manipuladores con nosotros les invitamos a que formulen las críticas que puedan albergar. De este modo obtenemos más información (si son críticas sinceras) o agotamos dichas críticas (si son manipulativas).

Autorrevelación.– Favorecer la revelación de los aspectos positivos y negativos de uno mismo (personalidad, estilo de vida, inteligencia...) para estimular la comunicación con los otros y reducir la manipulación.

Compromiso viable.– Si estamos discutiendo sobre cuestiones en las que es posible negociar una solución pactada, nada impide "regatear" hasta alcanzar un compromiso que sea viable para ambos. Si hablamos sobre cuestiones trascendentes y no negociables, no debe pretenderse un compromiso viable.

Veamos un ejemplo:
ANA: Por favor, ¿podrías devolverme el libro que te dejé?
PEPI: Ah. Todavía no lo he terminado. Me lo quedo un par de semanas más.

ANA: Es que resulta que lo necesito.

PEPI: ¿Qué más te da que lo tenga un tiempo más? Ya sabes que yo voy muy ocupada con el trabajo.

ANA: Lo siento, Pepi, pero lo necesito. (DISCO RAYADO)

PEPI: ¿Y por qué precisamente ahora? ¿Qué mosca te ha picado?

ANA: Lo siento pero lo necesito esta semana. (DISCO RAYADO)

PEPI: Cuando te pones cabezota, cómo eres.

ANA: Es posible que me ponga algo pesada, pero necesito el libro esta semana. (ASERCIÓN NEGATIVA Y DISCO RAYADO)

PEPI: Sí, ya sé que necesitas el libro, pero ¿cuántas veces te he dejado yo mis libros y los has tenido hasta cuando has querido? Desde luego...

ANA: ¿Qué ocurre? ¿Te parece mal que necesite mi libro? (INTERROGACIÓN NEGATIVA)

PEPI: Creo que eres injusta.

ANA: Es posible que sea injusta... Pero sabes que en otras circunstancias no me habría importado dejarte el libro un mes más. En esta ocasión lo necesito ahora. (BANCO DE NIEBLA, AUTORREVELACIÓN Y DISCO RAYADO)

PEPI: ¿Y no podría tener el libro tres o cuatro días más?

ANA: Bueno, en principio yo no lo voy a utilizar hasta pasado mañana por la noche. ¿Te parece bien que me lo devuelvas dentro de dos días? (COMPROMISO VIABLE)

PEPI: Bien... Me parece bien.

ANA: De acuerdo entonces. ¿Nos tomamos un café?

12

HACER FRENTE
A NUESTROS TEMORES

En este capítulo:
- Explicamos el valor terapéutico de afrontar las situaciones temidas.
- Analizarás la forma más efectiva de plantar cara al miedo.
- Aprenderás a afrontar definitivamente las situaciones temidas.

Una persona que ha superado la ansiedad es capaz de afrontar sin ansiedad las situaciones que antes le producían miedo. Así, una persona que ha superado sus crisis de pánico es capaz de no alarmarse cuando siente palpitaciones, vértigo o sensación de ahogo. De modo similar, la persona que temía a la crítica negativa de los demás, ya no se preocupa por lo qué puedan pensar. La persona obsesionada deja de necesitar lavarse las manos cuando toca el pomo de la puerta o de comprobar la llave del gas. Quienes tienen preocupaciones frecuentes logran vivir un poco más tranquilos cuando se presentan pequeños problemas en casa, el estudio o el trabajo. La persona que temía al dentista ahora lleva al día su calendario de revisiones dentales y tiene empastadas todas las caries.

Todas las técnicas que hemos visto en los capítulos precedentes tienen un papel muy importante en una terapia para superar la ansiedad, pero al final queda un último paso ineludible: dejar de evitar las situaciones temidas. De este modo, la persona que teme acudir al dentista debe acabar visitándolo; la persona que teme contaminarse al tocar los pomos de las puertas, debe tocarlos; la persona que teme hacer deporte por si nota los latidos de su corazón o le da un infarto, debe hacer deporte (si su médico lo ve conveniente); la persona que teme volverse loco cuando va al supermercado, debe ir al supermercado y a todos aquellos espacios que le desencadenaban las crisis de ansiedad; la persona que teme desmayarse al salir a la calle, debe salir a la calle; la persona que teme hacer el ridículo cuando habla delante de un grupo de personas o cuando le pide una cita a una persona atractiva, debe hablar o pedir la cita, aunque pueda hacer el ridículo...

Esto es lo que los psicólogos denominamos *exposición a los estímulos temidos,* **si dicha exposición se realiza teniendo en cuenta una serie de reglas para que esa experiencia sea terapéutica.** La exposición de la que hablamos aquí no consiste en enfrentarse a las situaciones temidas sin más. De hecho esto puede ser contraproducente, bajo ciertas circunstancias.

La exposición a los estímulos temidos puede realizarse en la imaginación o en vivo, es decir, imaginando que estamos en la situación que nos da miedo o acudiendo realmente a esa situación. También es posible graduar o no la exposición a dichos estímulos temidos, según nos exponemos directamente a la situación que más miedo nos da (*exposición brusca*) o nos vamos exponiendo a situaciones que nos producen diferentes grados de miedo, de menor a mayor grado (*exposición gradual*). Yo recomiendo que se realice de modo gradual y en vivo. Tan lento como sea necesario, pero en vivo. En ocasiones, la exposición en imaginación puede ser de utilidad como *un paso previo* a la exposición en vivo. Pero nunca, o casi nunca, es posible superar definitivamente el miedo a una situación sin hacerle frente en vivo. Puede que en algunos casos sea inviable hacer la exposición en vivo, como ocurre cuando tenemos miedo a volar en avión. En esos casos, la exposición en imaginación, si es guiada y apoyada por otras técnicas psicológicas, puede ser de gran utilidad, pero aquí es necesaria la intervención de un psicólogo que domine esas técnicas. Empleando diversas técnicas de visualización o hipnosis es posible hacer la imaginación mucho más vívida y en ese caso puede valer como auténtica exposición a los estímulos temidos, facilitando la superación de la ansiedad y el miedo, así como la exposición en vivo posterior, si es necesaria.

Diversos estudios científicos, y mi propia experiencia profesional, me llevan a pensar que la exposición es más efectiva si:

- Se hace en vivo.
- Durante mucho tiempo (tres o más horas).
- Con mucha frecuencia (tanta como sea posible).
- Con la atención plenamente concentrada en lo que se está haciendo (sin distracciones para sentir menos ansiedad).
- Libre de medicación ansiolítica.
- Libre de cualquier medicación psicotrópica, si no está expresamente recomendada para el paciente en buena praxis clínica.
- Libre de alcohol u otras sustancias no prescritas por un facultativo y que se empleen para reducir la ansiedad.
- Libre de cualquier amuleto u objeto que nos ayude a sentirnos aliviados.

La gran eficacia de la exposición a los estímulos temidos reside en el hecho de que nuestro organismo no puede producir ansiedad de forma indefinida más allá de un límite. Cuando dicha ansiedad se da ante estímulos inofensivos, mantenernos en la situación temida hace que la respuesta de ansiedad se agote. Con la Ilustración 4 se entenderá mejor el efecto beneficioso de la exposición a las situaciones, sensaciones y pensamientos temidos.

La situación representada en la parte superior de la ilustración muestra cómo se produce un punto crítico cuando una persona se enfrenta a una situación o sensación temida, o le asaltan obsesiones. La ansiedad es creciente y se teme el peor de los desenlaces. Es decir, que la ansiedad suba y suba sin límite alguno. El punto crítico tiene lugar cuando la persona se plantea el escape de la situación como una forma de aliviar la ansiedad que experimenta. Al escapar de la situación temida, queda la convicción de que es la mejor de las opciones para reducir la ansiedad. El efecto que causa en situaciones posteriores suele ser que toleramos menos intensidad de ansiedad y durante menos tiempo. El escape se aprende como "solución menos mala" y posteriormente damos un paso más y entramos en la evitación sistemática de los pensamientos, sensaciones y situaciones temidos. "¿Para qué ir al supermercado, si me va a dar una crisis?", "¿Para qué asistir a la reunión del trabajo, si todos me van a ver como un tipo raro?", "¿Para qué ir al examen, si me pondré tan nervioso que suspenderé?" o "¿Para qué ir al dentista, si lo voy a pasar fatal?"–podemos concluir–. Y mientras tanto, cada vez se deteriora más y más nuestra vida social, personal, académica o laboral.

Mantenerse en la situación o sintiendo las sensaciones temidas es más difícil, pues se ve que la ansiedad es creciente y no

Ilustración 4. Efecto del escape y de la exposición.

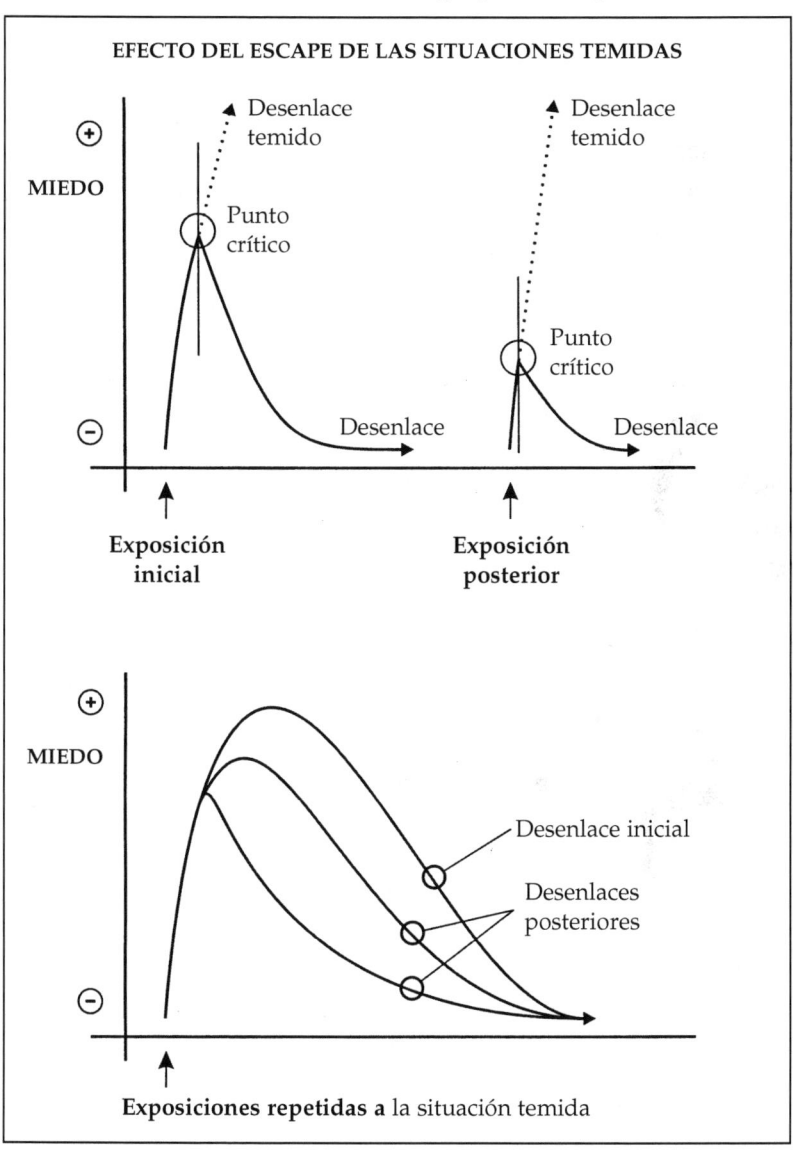

© Pedro Moreno. Todos los derechos reservados. Reproducido con permiso.

parece tener fin. La realidad es que exponerse a lo que tememos, sin hacer nada para evitarlo y concentrados en lo que ocurre —teniendo claro que es sólo ansiedad y que nadie muere por la ansiedad, por muy desagradable que sea—, es la única forma de comprobar que, efectivamente, la ansiedad acaba cediendo. Y cuanto más practicamos, más rápido se agota la ansiedad, como muestra el gráfico inferior de la Ilustración 4.

No obstante, tampoco debes pensar que hay que practicar de cualquier manera. Una regla básica debes tener presente: gradúa bien las situaciones a las que te vas a exponer, sin hacerte el valiente ni con prisas por superar tus miedos. Una segunda regla básica: nunca abandones una situación a la cual te estés exponiendo conscientemente sin haber notado al menos un mínimo de alivio. Escapar de una situación *antes* de sentir cierto alivio puede hacer que dudes de tu capacidad para afrontar adecuadamente tus miedos, creyendo, falsamente, que eres la excepción a la regla de la eficacia de la exposición.

Veamos a continuación los pasos a dar para realizar una exposición útil para superar la ansiedad y el miedo.

Cómo plantar cara al miedo

Para afrontar adecuadamente las situaciones, las sensaciones y los pensamientos que nos producen ansiedad es necesario delimitar nuestros objetivos, graduar la práctica de la exposición que vamos a realizar y practicar tanto como sea posible.

Delimitar objetivos

Si realmente queremos superar el miedo a situaciones, sensaciones o pensamientos, es necesario delimitar muy bien cuáles son nuestros objetivos. No basta con decir "Quiero tener menos vergüenza al hablar en público" o "Que no me den taquicardias".

El primer paso para delimitar objetivos es hacer una lista de las distintas situaciones, sensaciones o pensamientos que te provocan ansiedad. Para ello puede ayudarte revisar tus respuestas al Test 1, en él se recogen situaciones y sensaciones que pueden actuar como desencadenantes de ansiedad. También puedes revisar algunos de los pensamientos recogidos en el Test 2. Debes tener cuidado al seleccionar los pensamientos con los que vas a aplicar las técnicas de exposición explicadas en este capítulo. No todos los pensamientos se pueden eliminar mediante este enfoque. Los pensamientos que mejor se tratan con exposición son los que llamamos *obsesiones,* es decir, pensamientos que asaltan nuestra mente aunque nos parecen absurdos (ver apartado titulado "Trastorno obsesivo-compulsivo", p. 46 y siguientes). En el test mencionado, los pensamientos con más probabilidad de presentarse como obsesiones son el 18, 19, 20, 21 y 22.

El Auto-registro 1 (p. 113) es otro instrumento útil para identificar situaciones, sensaciones y pensamientos que pueden responder bien a la exposición.

Una vez identificadas las principales situaciones, sensaciones y pensamientos que producen ansiedad, podemos realizar una lista, clasificando esos estímulos en función de la perturbación que nos producen. Veamos un ejemplo.

Pepa, la chica que padecía agorafobia (ver p. 37), temía los lugares donde se aglomeraban muchas personas: grandes almacenes, supermercados, calles muy concurridas, etc. No obstante, su miedo en estas situaciones dependía de algunos factores que descubrimos en la terapia. Así, cuantas más personas había, más miedo le daba la situación, lo que le había llevado a evitar las horas punta. Otro factor que influía en el miedo que sentía era si salía acompañada por alguien de su confianza (sobre todo, su marido y su madre). Su lista de situaciones temidas fue la siguiente:

- Ir a la tienda del barrio
- Ir al supermercado
- Ir a los grandes almacenes de una ciudad próxima
- Ir al centro comercial
- Ir a grandes avenidas en hora punta

En parte, dicho sea, una lista muy similar a la elaborada por Antonio (p. 32), el profesor con miedo al infarto. Si bien Antonio también tenía miedo cuando notaba alguna molestia en el pecho como opresión, taquicardia o dolor leve. Por tanto añadimos a su lista el notar esas sensaciones:

- Leve dolor en el pecho
- Opresión en el esternón
- Taquicardia

Un paciente, al que le asaltaba el miedo a perder el control y abofetear a las personas con las que hablaba, elaboró la siguiente lista:

- Hablar con el profesor de la asignatura
- Conversar con el tutor
- Besar a mi novia
- Hablar con cualquier persona situada a menos de un metro.

Otro paciente, al que le venía de forma repetitiva e inmotivada la frase "Soy homosexual", causándole gran ansiedad y preocupación, realizó la siguiente lista:

- Ver algún anuncio de ropa interior masculina
- Ver un hombre que me parece homosexual
- No sentir nada cuando beso a mi novia

Había muestras clínicas evidentes de que ese paciente era heterosexual, pese a las dudas continuas que mantenía sobre su orientación sexual.

Juan, el camionero que tuvo un accidente grave (ver p. 50), elaboró la siguiente lista:

- Hablar con alguien sobre el accidente
- Montar en automóvil
- Ver accidentes en películas, especialmente si hay fuego.

Haz tu lista a continuación:

_____

_____

_____

_____

Graduar la exposición

Tras aclarar bien qué situaciones, sensaciones y pensamientos son los causantes de nuestra ansiedad, es necesario dar un paso más. Debemos analizar bajo qué circunstancias esas situaciones, sensaciones y pensamientos nos producen más miedo o ansiedad, y qué circunstancias hacen que suframos menos ante esos estímulos. ¿Qué te pone más nervioso, ir solo o acompañado? Cuantas más personas hay, ¿te sientes mejor, o peor? Cuanto más cerca de un balcón o más alto en un edificio, ¿más nervioso? ¿Qué te pone más nervioso, la visita al dentista para una limpieza de boca o para el empaste de una caries?

Para graduar la exposición necesitamos elaborar una lista de situaciones que nos produzcan diversos grados de malestar. Cuantas más variaciones sobre un tema, mejor. Especialmente si logras identificar variaciones que sean capaces de provocarte diversos grados de temor. A continuación puedes ver las graduaciones que realizaron algunos de mis pacientes.

Pepa, desarrolló la graduación de situaciones que se presenta a continuación:

Situación	Grado de temor
Ir a la tienda del barrio, a las diez de la mañana	7
Ir a la tienda del barrio, a la una de la tarde	3
Ir a la tienda del barrio, por la tarde	5
Ir al supermercado, después de comer	4
Ir al supermercado, por la mañana	6
Ir al supermercado, viernes por la tarde o sábado	8
Ir a grandes almacenes, por la mañana	5
Ir a grandes almacenes, por la tarde	7
Ir a grandes almacenes, viernes tarde o sábado	10
Ir a grandes avenidas, en hora punta	10
Ir a grandes avenidas, a la hora después de comer	6
Ir a grandes avenidas, en domingo	4

Como puedes ver, variando la hora a la que visita esos lugares, el grado de temor (valorado de 0 a 10) cambia bastante. El motivo principal para ella era la sensación de "aglomeración de gente".

Antonio se sirvió de la intensidad del ejercicio físico para hacer su jerarquía de situaciones: cuanto más intenso el ejercicio realizado, más se le aceleraba el corazón:

Situación	Grado de temor
Caminar a paso suave	2
Caminar a paso forzado	5
Correr suave	4
Correr a velocidad media	6
Correr a máxima velocidad	10
Montar en bicicleta, pedaleo suave	3
Montar en bicicleta, pedaleo medio	7
Montar en bicicleta, pedaleo fuerte	10

El paciente que temía perder el control y abofetear a las personas con las que hablaba, notó que cuanto más cerca estaba de su interlocutor, más fuerte era esa sensación. Por ello le resultó útil variar la distancia a la que hablaba con su interlocutor para generar distintos grados de temor (hablar a 1,5 m.; hablar a 1 m.; hablar a 0,7 m.; etc.).

El otro paciente, el que tenía el pensamiento obsesivo "Soy homosexual", tenía más dificultades para hacer una lista, puesto que no lograba identificar en qué situaciones le iba a venir esa obsesión con más intensidad. En nuestra investigación durante la terapia, observamos que cuanto más se esforzaba en evitar ese pensamiento, más le venía, pero no logramos identificar situaciones o sensaciones que nos permitieran predecir la intensidad con la que le iba a venir la obsesión. En el apartado siguiente veremos cómo lo enfocamos en este caso.

Juan, el camionero, realizó su jerarquía en función de lo que se centraba la conversación en el tema de los accidentes. Cuanto más se entraba en detalle, más nervioso se ponía y le inundaban los recuerdos de su terrorífico accidente.

¿Te atreves a realizar tu jerarquía de situaciones temidas? Busca alguna situación que te permita hacer variaciones controlables por ti. Situaciones en las que tú puedas decidir cuándo las vas a practicar, dónde y durante cuánto tiempo. Situaciones que tú puedas decidir si vas solo o acompañado. Situaciones, en general, en las que tú puedas disponer los elementos que te generan miedo en función de las necesidades del ejercicio de exposición que vas a practicar. Trata de hallar al menos una o dos variantes para cada grado de temor modificando los elementos temidos de forma similar a los ejemplos presentados más arriba. Así, por ejemplo, si temes las alturas, puedes variar el piso desde el cual te asomas al balcón; si temes la sangre, puedes variar la distancia desde la que ves una gota de sangre; si temes hablar en público, puedes variar el número de asistentes a tu charla; si temes las superficies comerciales con aglomeración, puedes variar la hora a la que vas.

Variantes de la situación temida	Grado de temor (0-10)
1	
1	
2	
2	
3	
3	
4	
4	
5	
5	
6	
6	
7	
7	
8	
8	
9	
9	
10	
10	

Repite este ejercicio con todas las situaciones, sensaciones o pensamientos temidos.

Practicar, practicar y practicar

Llega el momento de la verdad. Tienes claros los objetivos; has realizado una jerarquía con 15 o 20 variaciones de cada situación temida; has graduado esas variaciones en función de la ansiedad que te producen. Tienes claro que éste es el paso definitivo para afrontar tus temores. ¿Lo tienes claro? ¿Realmente? Si te queda alguna duda, te diré que está ampliamente demostrado que plantar cara al miedo (exponerse) es una de las formas más poderosas que existen para superar definitivamente la evitación de las situaciones, sensaciones y pensamientos temidos. Y dejar de evitar conduce finalmente a la disminución de la ansiedad, hasta su reducción completa o casi completa. En cualquier caso, debes tener presente que la ansiedad y el miedo son emociones normales y por tanto nunca nos libraremos de ellas definitivamente, ni sería conveniente lograrlo. Lo que sí es posible es dominar la ansiedad y el pánico que sentimos ante estímulos inofensivos y que no dan miedo a la mayoría de las personas adultas con características y circunstancias comparables a las nuestras. Con la práctica repetida, cada vez serás capaz de evitar menos las situaciones que antes te daban miedo. La exposición tiene ese efecto terapéutico.

Para llevar a la práctica la exposición debes ir tranquilo pero sin pausa. Ser metódico puede ayudarte. Si temes más de una situación o sensación, trabaja en sólo una de esas situaciones. Cuando hayas terminado la jerarquía para una de esas situaciones, entonces puedes pasar a la siguiente. ¿Con cuál empezar? Con la que a priori pienses que te resultará más sencilla de programar. Cuanto más depende de nosotros el control de las variables que determinan la intensidad del miedo que vamos a sentir, más fácil resulta programar el ejercicio. Cuando no podemos graduar de antemano las situaciones, bien porque dependen de otras personas, bien porque su brevedad es intrínseca a la propia situación, la clave está en la frecuencia. Cuanto más practiquemos esas situaciones, más nos acostumbraremos a ellas y menos ansiedad nos producirán. Es obvio que no puedo preguntar la hora a un extraño durante un tiempo prolongado, pero sí puedo preguntar la hora a todos los viandantes de una avenida.

Si es una situación que se presta a practicar con alguna persona de nuestra confianza, eso estará bien, pues nos permite graduar aún más la exposición (puedes ver un ejemplo de práctica útil en casos de ansiedad social en el capítulo titulado "Ser asertivo").

Para practicar cada jerarquía de ansiedad, comienza siempre por el nivel más bajo, por la situación que menos ansiedad te produzca. Cuando logres enfrentarte a esa situación, dominando la ansiedad durante al menos cuatro o cinco ocasiones, entonces puedes comenzar a practicar la siguiente situación en la jerarquía. Los pasos pequeños, pero seguros, te acercarán de forma más rápida a la meta de superar la ansiedad y el miedo.

En cualquier caso, recuerda las reglas para hacer una buena exposición y trata de cumplirlas. Estas reglas son:

- **Practica primero con las situaciones que te producen menos ansiedad.** No tengas prisa.
- **Siempre que sea posible, practica en vivo.** La realidad aleja muchos fantasmas.
- **Exponte a la situación tanto tiempo como sea posible.** Comprobarás que al final te sientes mucho mejor, más tranquilo.
- **Si no puedes exponerte al menos 90 minutos o mejor 180 minutos, trata de exponerte con tanta frecuencia como sea posible.** La cuestión es acostumbrarse, descubrir que realmente la situación no es peligrosa.
- **Pasa a exponerte a una situación más temida sólo cuando sientas que la anterior en la jerarquía ya no te produce miedo.** Los pasos pequeños te harán mejorar rápidamente.

- **Nunca trates de distraerte pensando en otras cosas.** Si lo haces olvidarás que estuviste allí ¡y sobreviviste!.
- **Si tu médico te ha recomendado ansiolíticos, tan pronto como te encuentres con ánimo, pídele que te reduzca gradualmente la medicación para exponerte sin química artificial.** Cualquier éxito que tuvieras lo atribuirías a la medicación y no a tu esfuerzo. Y eso te hace vulnerable a las recaídas.
- **Cualquier medicación que no sea estrictamente necesaria, en buena praxis médica, puede convertirse en un estorbo para beneficiarte de la exposición.** Muchos fármacos que aún se prescriben para la ansiedad no tienen justificada su aplicación según las investigaciones científicas.
- **El alcohol y cualquier sustancia empleada por tu cuenta para reducir la ansiedad disminuye mucho la eficacia de la exposición.** Sería una lástima perder el tiempo por el alcohol, el hachís u otras sustancias.
- **Los amuletos u otros objetos que empleamos porque creemos que nos ayudan a sentir menos temor se convierten en una trampa para superar el miedo y la ansiedad.** Cualquier progreso, será atribuido al amuleto y eso nos hace vulnerables a las recaídas.

Para llevar un control sobre los resultados, puede ser útil que valores el grado de ansiedad antes y después de cada práctica de exposición. De ese modo podrás comprobar tus progresos. El Auto-registro 5 presenta un modelo para llevar el control de tu práctica de exposición. Como puedes ver, es interesante anotar también el tiempo que dura la exposición y el grado de concentración que logras mantener durante el ejercicio en los aspectos de la situación que te producen miedo. De poco sirve exponerse a las situaciones o sensaciones temidas si tu mente está en otra parte. Debes tener presente que esto es, básicamente, un aprendizaje sobre el peligro real que hay en las situaciones que temes. Si no prestas atención, durante el tiempo suficiente, no podrás comprobar que esas situaciones y la ansiedad que sientes son inofensivas.

Auto-registro 5. Práctica de la exposición.

Situación practicada	Ansiedad antes: 0-10	Ansiedad después: 0-10	Tiempo	Concentración: 0-10

Instrucciones: Para cada situación practicada, anota el grado de ansiedad o temor que te produce antes y después de exponerte. Registra también el tiempo que permaneces en la situación temida y el grado de concentración que tienes en lo que estás haciendo.

Veamos cómo se organizó Pepa la práctica de exposición. Primero, delimitó sus objetivos. Su miedo se centraba básicamente en las superficies con aglomeración de personas (tienda, supermercado, grandes almacenes, avenidas concurridas, etc.). Además, estas situaciones le producían más miedo cuando tenía que ir sin un acompañante de confianza.

A continuación analizamos variantes de la situación controlables por ella para generar una jerarquía de situaciones graduada por la intensidad del miedo. Esta lista, ordenada de menor a mayor grado de temor, se presenta a continuación:

Variantes de la situación temida	Grado de temor
Tienda del barrio, a la una de la tarde	3
Supermercado, después de comer	4
Grandes avenidas, en domingo	4
Tienda del barrio, por la tarde	5
Grandes almacenes, por la mañana	5
Supermercado, por la mañana	6
Grandes avenidas, a la hora después de comer	6
Tienda del barrio, a las diez de la mañana	7
Grandes almacenes, por la tarde	7
Supermercado, viernes por la tarde o sábado	8
Grandes almacenes, viernes por la tarde o sábado	10
Grandes avenidas, en hora punta	10

Para comenzar a practicar, siguiendo las reglas para una buena exposición comentadas más arriba, se preparó el registro siguiente:

Situación practicada	Ansiedad antes	Ansiedad después	Tiempo	Concentración: 0-10
Tienda del barrio, a la una de la tarde				
Supermercado, después de comer				
La Gran Vía, en domingo				
Tienda del barrio, a la una de la tarde				
Supermercado, después de comer				
La Gran Vía, en domingo				
Tienda del barrio, a la una de la tarde				
Tienda del barrio, a la una de la tarde				

Como puedes comprobar, incluye situaciones valoradas con 3 o 4 puntos. Eso está bien. Tampoco podemos precisar demasiado cuánto es exactamente un punto de ansiedad. Lo importante era practicar primero las situaciones que le producían menos ansiedad durante un número suficiente de ocasiones.

Conforme fue superando su ansiedad en las situaciones que le resultaban más fáciles, encontraba más sencillo hacer frente a las situaciones más difíciles. La ansiedad inicial era inevitable, pero con la práctica, cada vez tardaba menos tiempo en sentirse tranquila en las situaciones practicadas.

Finalmente, logró enfrentarse a todas las situaciones temidas. Con algunas dificultades en las situaciones que más ansiedad le producían, pero nada que no pudiera arreglarse practicado, practicando y practicando...

Antonio, el profesor con miedo al infarto, practicó de modo similar a Pepa la parte agorafóbica de su problema de ansiedad (el miedo a las superficies concurridas). Para el miedo a los síntomas corporales (taquicardia, dolor y opresión en el pecho) necesitó previamente practicar la relajación muscular durante un mes y medio y el control de la respiración durante unas tres semanas. A partir de ahí pudo enfrentarse a los síntomas corporales provocándolos de modo gradual, de acuerdo con la jerarquía que realizamos.

El paciente que temía abofetear a sus interlocutores resolvió sus ejercicios de exposición hablando a diferentes distancias y haciendo un gran esfuerzo por no distraerse de la situación. Para no limitar el efecto de la exposición, se impidió a sí mismo meter sus manos en los bolsillos o debajo del trasero cuando estaba en el pupitre. Vimos que ocultaba sus manos para tenerlas bajo control. De haber mantenido las manos trabadas habría atribuido el éxito de la exposición al hecho de bloquear sus movimientos. No habría comprobado que mantiene el control de sus brazos, pese a la ansiedad.

Miguel, el paciente que tenía la obsesión "Soy homosexual", no logró hacer jerarquía alguna sobre situaciones que le invocaran la obsesión. No obstante, conocer que era una obsesión le alivió bastante. La recomendación que le di fue no luchar contra la obsesión cuando viniese. Mejor contemplarla sin apasionamiento, como una mosca molesta inofensiva que al final acaba marchándose por donde vino. Para la preocupación por la falta de excitación ante su novia le recomendé no forzar la situación, pues el deseo sexual sólo puede surgir espontáneamente. Dejar de luchar contra el pensamiento obsesivo "Soy homosexual", que equivale a una exposición, fue la clave para superar su ansiedad obsesiva.

EPÍLOGO: MANTENER LOS LOGROS

La ansiedad y el temor forman parte de la naturaleza humana normal. Sólo se convierten en un problema de salud cuando se siente temor o ansiedad en situaciones inofensivas, interfiriendo de modo notable nuestra vida cotidiana, personal o social.

Una vez que hemos superado la ansiedad ante las situaciones, sensaciones o pensamientos que nos bloqueaban, podemos cantar victoria. Son muchas las personas que sufren problemas de ansiedad en nuestro tiempo y son muchas las soluciones erróneas que se adoptan para paliar la ansiedad: fármacos ineficaces o que crean dependencia, evitación de las situaciones temidas, alcohol u otras adulteraciones de la química emocional, por citar algunas de estas "soluciones".

El mejor método que conozco para liberarse de la ansiedad de modo definitivo se ha explicado en parte en las páginas precedentes. La esencia de este método radica en dar a la persona que padece ansiedad información sobre su problema, con especial hincapié en el carácter inofensivo de la ansiedad y de las situaciones que la desencadenan patológicamente. A partir de dicha información, y dependiendo de cómo se presenta la ansiedad en tu vida, debes hacer más énfasis en lograr la relajación física, la relajación mental o la relajación conductual. Cada uno de estos enfoques complementarios tiene su aplicación para determinadas personas, en determinadas circunstancias. No deben entenderse como compartimentos estancos. Ya hemos visto que la relajación conductual produce cambios en la relajación física y mental. Un comportamiento más asertivo, por ejemplo, hará que nos sintamos más valiosos como personas, que nos respetemos más y también que nos mostremos más tranquilos en las situaciones sociales antes temidas. A su vez, una relajación muscular convenientemente practicada puede hacer que nos resulte más sencillo mostrarnos tranquilos en situaciones sociales y que nos sintamos igualmente contentos con nosotros mismos. Pensar con claridad tiene también su repercusión conductual y física. Cuando no me creo los pensamientos catastróficos sobre el significado de mi taquicardia ("¡Infarto!"), difícilmente llego a desarrollar una crisis de ansiedad.

Para mantener los logros conseguidos con este programa, es recomendable continuar practicando más allá de cuando los síntomas de ansiedad hayan desaparecido. Es como cuando aprendemos cualquier otra cosa. Cuanto más repasamos, una y otra vez, cuanto más aplicamos lo que hemos aprendido, más fácil resulta tenerlo presente y no olvidar la lección. Practicar habitualmente la relajación, la convierte en una actividad cotidiana más como el cepillado de dientes. Además, los efectos sobre la salud general de la relajación hacen que sea recomendable de por sí practicarla aunque no se haya sufrido un trastorno de ansiedad.

Estar pendiente de no hiperventilar puede ser incómodo, pero repasar de vez en cuando los ejercicios de control de la respiración te puede ayudar a tener bajo control los síntomas que provoca la hiperventilación.

Solucionar problemas con eficacia es una habilidad imprescindible en un mundo moderno y complejo. Es cierto que no siempre hay problemas que resolver, pero sí debemos estar abiertos a la posibilidad de replantearnos nuestras alternativas de acción ante las disyuntivas de la vida. Esa orientación general a detectar anomalías o problemas puede ayudarnos a prevenir que pequeños problemas se transformen en grandes embrollos.

Pensar con claridad es necesario siempre. Es un ejercicio que debería ser cotidiano, como la relajación o el cepillado de dientes. Ante cualquier emoción negativa, resulta fundamental tener claro que no son las situaciones las que nos perturban, sino lo que pensamos sobre ellas. Nuestras emociones tienen lugar en función de la interpretación que adoptamos sobre el mundo que nos afecta, a nivel personal, de pareja, familiar, laboral, académico... Quizá por esto resulta tan útil enseñar a pensar con claridad a todas las personas que solicitan consejo psicológico, sea cual sea el motivo inicial. De hecho, algunas de las técnicas cognitivas –que es como se denominan– convenientemente adaptadas a los niños, pueden ayudar a promover unos hábitos sanos de pensamiento capaces de prevenir muchos trastornos psicológicos.

Una buena autoestima es necesaria para todo ser humano que aspire a vivir de modo saludable y libre de sufrimiento emocional. Su desarrollo requiere un trabajo cotidiano, que incluye pensar con claridad sobre uno mismo y sus defectos y virtudes. La compasión benévola debe reemplazar a la crítica tirana de uno mismo. Si es posible ser mejor, adelante; si no es posible, debemos aceptar esos límites. En cualquier caso debe salvaguardarse la propia dignidad y respeto. El valor de una persona no depende de lo que hace o deja de hacer, sino que parte del hecho intrínseco de ser un ser humano, ni más ni menos. Mantener una buena opinión sobre uno mismo requiere pensar con claridad sobre uno mismo día a día.

La asertividad es un estilo de relacionarnos con los demás que resulta imprescindible a todas las personas. Sus alternativas son el comportamiento agresivo y la conducta sumisa. Salvo en las circunstancias en las que socialmente sean convenientes dichos estilos de conducta alternativos, en la mayoría de las ocasiones la asertividad nos llevará a un trato interpersonal más saludable y a una mejor valoración de uno mismo. Para mantener los logros asertivos es necesario reservarse periódicamente un tiempo de valoración sobre nuestro comportamiento con los demás. ¿Tendemos a ser asertivos, o más bien sumisos o agresivos? Es normal que haya una tendencia a volver a nuestro estilo previo, sea éste el agresivo o el sumiso. Por esto, debemos estar atentos a cualquier indicio de retroceso.

Plantar cara a las situaciones, sensaciones y pensamientos temidos es una nueva forma de afrontamiento. Ocasionalmente, pueden reaparecer tendencias a evitarlos de nuevo. Es muy importante no ceder terreno a la evitación de los estímulos temidos, pues la evitación se retroalimenta y da lugar a más y más evitación, devolviéndonos al punto de partida.

Qué hacer ante una recaída

Lo primero: no alarmarse. Superar la ansiedad y el miedo no es un camino de rosas. Tiene sus altibajos, sus penumbras y sus retrocesos. Eso es normal. Lo importante es la determinación de superar definitivamente la ansiedad. Mantener nuestra deter-

EPÍLOGO: MANTENER LOS LOGROS

minación de dominar la ansiedad, en lugar de permitir que la ansiedad nos domine a nosotros.

Lo segundo a tener en cuenta es que si ya hemos logrado una mejoría aplicando las técnicas practicadas, con más de lo mismo lograremos sentirnos bien de nuevo. Para ello será recomendable comenzar de nuevo la lectura de este manual por el principio, o releyendo aquellos fragmentos que más te ayudaron en tu tarea de superar la ansiedad.

Qué hacer si la mejoría es pequeña o nula

Si te resulta difícil seguir este programa para superar la ansiedad, o te estancas en pequeños logros, ten presente que una buena alternativa puede ser pedir consejo profesional. Acude a un psicólogo cualificado en terapia de la ansiedad de acuerdo con las directrices señaladas en esta obra. Técnicamente, el enfoque básico que hemos seguido se denomina *terapia cognitivo-conductual*. Busca un profesional que esté específicamente formado en dicho enfoque de terapia, pues para los trastornos de ansiedad es el que más pruebas científicas ha dado de su eficacia.

Si no logras referencias de ningún psicólogo especializado en el tratamiento cognitivo-conductual de los trastornos de ansiedad, puedes acudir al Colegio Oficial de Psicólogos de tu comunidad o bien ponerte en contacto con el servicio de información sobre la ansiedad que mantiene el autor (en la *Nota del autor*, p. 11, hallarás distintos medios para contactar).

¿Realmente es posible superar la ansiedad?

Prueba del interés que ha tenido la tarea de superar la ansiedad y el miedo patológico es la inmensa cantidad de técnicas, métodos y fármacos que se han desarrollado a lo largo de la historia de la Humanidad para este fin. Unos, con total ausencia de rigor científico; y otros, con un historial ejemplar de experimentos y ensayos clínicos con pacientes que demuestran su eficacia.

En la actualidad conviven aún muchos de esos métodos, técnicas y fármacos. Por diversos motivos, están disponibles para las personas que padecen ansiedad muchas "soluciones" que en realidad no solucionan realmente sus problemas.

Las técnicas tratadas en este manual cuentan con una base científica importante y existen pruebas rigurosas de que funcionan. Se han realizado multitud de estudios con pacientes que sufrían ansiedad para analizar qué técnicas y procedimientos funcionaban y bajo qué condiciones. De hecho, estas técnicas se han mostrado eficaces en más de 10.000 pacientes, analizados por diversos grupos de investigadores a lo largo y ancho de nuestro mundo, desde Estados Unidos y Canadá a Australia o Japón, pasando por prácticamente todos los países de la Comunidad Europea.

Si esta obra ha contribuido a que conozcas mejor los trastornos de ansiedad, habrá merecido la pena trabajar en ella. Si además te ha ayudado a superar la ansiedad, el mérito es tuyo en primer lugar. Llevar a la práctica las técnicas presentadas tiene una dificultad considerable y son muchas las dudas que pueden surgir en su aplicación. También son muchos los problemas que pueden estar enmascarando o distorsionando el problema principal. Por esto es tan importante un buen diagnóstico psicológico, para determinar claramente y sin ambigüedades el origen del problema y las líneas de intervención más eficaces en un caso dado. Por esto, si has logrado dominar la ansiedad, ¡enhorabuena!

Si has sido menos afortunado, ten presente que por mucho

EPÍLOGO: MANTENER LOS LOGROS

que nos esforcemos los psicólogos en traducir a palabras lo que se hace dentro de la terapia, siempre resulta un cuadro inacabado, incompleto y a veces distorsionado de la realidad. Cuando les explico a mis alumnos cómo se hace la terapia, no dejo de sorprenderme de lo limitado que resulta cualquier explicación. ¡Y eso que mis alumnos suelen ser psicólogos licenciados!

Las técnicas están muy bien, pero la relación con el paciente es fundamental para que rindan al máximo. Sin ninguna clase de duda, puedo afirmar que no mejorar con la lectura de un manual de autoayuda, por riguroso que sea, no significa que nadie pueda ayudarnos a superar la ansiedad y el miedo.

BIBLIOGRAFÍA

AMERICAN PSYCHIATRIC ASSOCIATION (1995). *DSM-IV. Manual diagnóstico y estadístico de los trastornos mentales* (4ª ed.). Barcelona: Masson.

BARLOW, D. H. (1988). *Anxiety and its disorders: The nature and treatment of anxiety and panic.* Nueva York: Guilford.

BARLOW, D. H. y CRASKE, M. G. (2000). *Mastery of Your Anxiety and Panic* (3ª Ed.) - Client Workbook. San Antonio, Texas: The Psychological Corporation.

BARLOW, D. H. y DURAND, V .M. (2001). *Psicología anormal. Un enfoque integral.* (2ªEd.) México: Thompson.

BECK, A. T. y EMERY, G. (1985). *Anxiety disorders and phobias. A cognitive perspective.* Nueva York: Basic Books.

BECK, J. S. (1995). *Cognitive Therapy: Basics and Beyond.* Nueva York: Guilford Press.

BERNSTEIN, D. y BORKOVEC, T. (1983). *Entrenamiento en relajación progresiva.* Bilbao: Desclée De Brouwer.

CASTANYER, O. (1996). *La asertividad: expresión de una sana autoestima.* Bilbao: Desclée De Brouwer.

CASTANYER, O. y ORTEGA, E. (2001). *¿Por qué no logro ser asertivo?* Bilbao: Desclée De Brouwer.

DAVIS, M.; MCKAY, M. y ESHELMAN, E. R. (1985). *Técnicas de autocontrol emocional.* Barcelona: Martínez Roca.

MARKS, I. M. (1991). *Miedos, fobias y rituales.* Barcelona: Martínez Roca.

MCKAY, M. y FANNING, P. (1991). *Autoestima. Evaluación y mejora.* Barcelona: Martínez Roca.

MEICHENBAUM, D. (1985). *Entrenamiento en inoculación de estrés.* Barcelona: Martínez Roca.

OLIVARES, J. y MÉNDEZ, X. J. (1998). *Técnicas de modificación de conducta.* Madrid: Biblioteca Nueva.

ORGANIZACIÓN MUNDIAL DE LA SALUD (1992). *CIE-10. Décima revisión de la clasificación internacional de las enfermedades. Trastornos mentales y del comportamiento.* Madrid: Meditor.

RABASSÓ, J. P. (1996). *Psicofarmacología y terapia de conducta.* Madrid: Fundación Universidad-Empresa.

SMITH, M. J. (1977). *Cuando digo no, me siento culpable.* Barcelona: Grijalbo Mondadori.

WATZLAWICK, P.; BEAVIN, J. y JACKSON, D. (1989). *Teoría de la comunicación humana.* Barcelona: Herder.

WATZLAWICK, P.; WEAKLAND, J. H. y FISCH, R. (1976). *Cambio.* Barcelona.

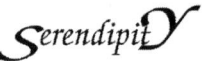

Director: Olga Castanyer

1. *Relatos para el crecimiento personal.* Carlos Alemany (ed.). (6ª ed.)
2. *La asertividad: expresión de una sana autoestima.* Olga Castanyer. (33ª ed.)
3. *Comprendiendo cómo somos. Dimensiones de la personalidad.* A. Gimeno-Bayón. (5ª ed.)
4. *Aprendiendo a vivir. Manual contra el aburrimiento y la prisa.* Esperanza Borús. (5ª ed.)
5. *¿Qué es el narcisismo?* José Luis Trechera. (2ª ed.)
6. *Manual práctico de P.N.L. Programación neurolingüística.* Ramiro J. Álvarez. (5ª ed.)
7. *El cuerpo vivenciado y analizado.* Carlos Alemany y Víctor García (eds.)
8. *Manual de Terapia Infantil Gestáltica.* Loretta Zaira Cornejo Parolini. (5ª ed.)
9. *Viajes hacia uno mismo. Diario de un psicoterapeuta en la postmodernidad.* Fernando Jiménez Hernández-Pinzón. (2ª ed.)
10. *Cuerpo y Psicoanálisis. Por un psicoanálisis más activo.* Jean Sarkissoff. (2ª ed.)
11. *Dinámica de grupos. Cincuenta años después.* Luis López-Yarto Elizalde. (7ª ed.)
12. *El eneagrama de nuestras relaciones.* Maria-Anne Gallen - Hans Neidhardt. (5ª ed.)
13. *¿Por qué me culpabilizo tanto? Un análisis psicológico de los sentimientos de culpa.* Luis Zabalegui. (3ª ed.)
14. *La relación de ayuda: De Rogers a Carkhuff.* Bruno Giordani. (3ª ed.)
15. *La fantasía como terapia de la personalidad.* F. Jiménez Hernández-Pinzón. (2ª ed.)
16. *La homosexualidad: un debate abierto.* Javier Gafo (ed.). (4ª ed.)
17. *Diario de un asombro.* Antonio García Rubio. (3ª ed.)
18. *Descubre tu perfil de personalidad en el eneagrama.* Don Richard Riso. (6ª ed.)
19. *El manantial escondido. La dimensión espiritual de la terapia.* Thomas Hart.
20. *Treinta palabras para la madurez.* José Antonio García-Monge. (12ª ed.)
21. *Terapia Zen.* David Brazier. (2ª ed.)
22. *Sencillamente cuerdo. La espiritualidad de la salud mental.* Gerald May.
23. *Aprender de Oriente: Lo cotidiano, lo lento y lo callado.* Juan Masiá Clavel.
24. *Pensamientos del caminante.* M. Scott Peck.
25. *Cuando el problema es la solución. Aproximación al enfoque estratégico.* Ramiro J. Álvarez. (2ª ed.)
26. *Cómo llegar a ser un adulto. Manual sobre la integración psicológica y espiritual.* David Richo. (3ª ed.)
27. *El acompañante desconocido. De cómo lo masculino y lo femenino que hay en cada uno de nosotros afecta a nuestras relaciones.* John A. Sanford.
28. *Vivir la propia muerte.* Stanley Keleman.
29. *El ciclo de la vida: Una visión sistémica de la familia.* Ascensión Belart - María Ferrer. (3ª ed.)
30. *Yo, limitado. Pistas para descubrir y comprender nuestras minusvalías.* Miguel Ángel Conesa Ferrer.
31. *Lograr buenas notas con apenas ansiedad. Guía básica para sobrevivir a los exámenes.* Kevin Flanagan.
32. *Alí Babá y los cuarenta ladrones. Cómo volverse verdaderamente rico.* Verena Kast.
33. *Cuando el amor se encuentra con el miedo.* David Richo. (3ª ed.)
34. *Anhelos del corazón. Integración psicológica y espiritualidad.* Wilkie Au - Noreen Cannon. (2ª ed.)
35. *Vivir y morir conscientemente.* Iosu Cabodevilla. (4ª ed.)
36. *Para comprender la adicción al juego.* María Prieto Ursúa.
37. *Psicoterapia psicodramática individual.* Teodoro Herranz Castillo.
38. *El comer emocional.* Edward Abramson. (2ª ed.)
39. *Crecer en intimidad. Guía para mejorar las relaciones interpersonales.* John Amodeo - Kris Wentworth. (2ª ed.)
40. *Diario de una maestra y de sus cuarenta alumnos.* Isabel Agüera Espejo-Saavedra.
41. *Valórate por la felicidad que alcances.* Xavier Moreno Lara.
42. *Pensándolo bien... Guía práctica para asomarse a la realidad.* Ramiro J. Álvarez.
43. *Límites, fronteras y relaciones. Cómo conocerse, protegerse y disfrutar de uno mismo.* Charles L. Whitfield.
44. *Humanizar el encuentro con el sufrimiento.* José Carlos Bermejo.
45. *Para que la vida te sorprenda.* Matilde De Torres. (2ª ed.)

46. *El Buda que siente y padece. Psicología budista sobre el carácter, la adversidad y la pasión.* David Brazier.
47. *Hijos que no se van. La dificultad de abandonar el hogar.* Jorge Barraca.
48. *Palabras para una vida con sentido.* Mª. Ángeles Noblejas. (2ª ed.)
49. *Cómo llevarnos bien con nuestros deseos.* Philip Sheldrake.
50. *Cómo no hacer el tonto por la vida. Puesta a punto práctica del altruismo.* Luis Cencillo. (2ª ed.)
51. *Emociones: Una guía interna. Cuáles sigo y cuáles no.* Leslie S. Greenberg. (3ª ed.)
52. *Éxito y fracaso. Cómo vivirlos con acierto.* Amado Ramírez Villafáñez.
53. *Desarrollo de la armonía interior. La construcción de una personalidad positiva.* Juan Antonio Bernad.
54. *Introducción al Role-Playing pedagógico.* Pablo Población Knappe y Elisa López Barberá. (2ª ed.)
55. *Cartas a Pedro. Guía para un psicoterapeuta que empieza.* Loretta Cornejo. (3ª ed.)
56. *El guión de vida.* José Luis Martorell. (2ª ed.)
57. *Somos lo mejor que tenemos.* Isabel Agüera Espejo-Saavedra.
58. *El niño que seguía la barca. Intervenciones sistémicas sobre los juegos familiares.* Giuliana Prata, Maria Vignato y Susana Bullrich.
59. *Amor y traición.* John Amodeo.
60. *El amor. Una visión somática.* Stanley Keleman.
61. *A la búsqueda de nuestro genio interior: Cómo cultivarlo y a dónde nos guía.* Kevin Flanagan. (2ª ed.)
62. *A corazón abierto. Confesiones de un psicoterapeuta.* F. Jiménez Hernández-Pinzón.
63. *En vísperas de morir. Psicología, espiritualidad y crecimiento personal.* Iosu Cabodevilla.
64. *¿Por qué no logro ser asertivo?* Olga Castanyer y Estela Ortega. (7ª ed.)
65. *El diario íntimo: buceando hacia el yo profundo.* José-Vicente Bonet, S.J. (2ª ed.)
66. *Caminos sapienciales de Oriente.* Juan Masiá.
67. *Superar la ansiedad y el miedo. Un programa paso a paso.* Pedro Moreno. (9ª ed.)
68. *El matrimonio como desafío. Destrezas para vivirlo en plenitud.* Kathleen R. Fischer y Thomas N. Hart.
69. *La posada de los peregrinos. Una aproximación al Arte de Vivir.* Esperanza Borús.
70. *Realizarse mediante la magia de las coincidencias. Práctica de la sincronicidad mediante los cuentos.* Jean-Pascal Debailleul y Catherine Fourgeau.
71. *Psicoanálisis para educar mejor.* Fernando Jiménez Hernández-Pinzón.
72. *Desde mi ventana. Pensamientos de autoliberación.* Pedro Miguel Lamet.
73. *En busca de la sonrisa perdida. La psicoterapia y la revelación del ser.* Jean Sarkissoff.
74. *La pareja y la comunicación. La importancia del diálogo para la plenitud y la longevidad de la pareja. Casos y reflexiones.* Patrice Cudicio y Catherine Cudicio.
75. *Ante la enfermedad de Alzheimer. Pistas para cuidadores y familiares.* Marga Nieto Carrero. (2ª ed.)
76. *Me comunico... Luego existo. Una historia de encuentros y desencuentros.* Jesús De La Gándara Martín.
77. *La nueva sofrología. Guía práctica para todos.* Claude Imbert.
78. *Cuando el silencio habla.* Matilde De Torres Villagrá. (2ª ed.)
79. *Atajos de sabiduría.* Carlos Díaz.
80. *¿Qué nos humaniza? ¿Qué nos deshumaniza? Ensayo de una ética desde la psicología.* Ramón Rosal Cortés.
81. *Más allá del individualismo.* Rafael Redondo.
82. *La terapia centrada en la persona hoy. Nuevos avances en la teoría y en la práctica.* Dave Mearns y Brian Thorne.
83. *La técnica de los movimientos oculares. La promesa potencial de un nuevo avance psicoterapéutico.* Fred Friedberg. Introducción a la edición española por Ramiro J. Álvarez
84. *No seas tu peor enemigo... ¡...Cuando puedes ser tu mejor amigo!* Ann-M. McMahon.
85. *La memoria corporal. Bases teóricas de la diafreoterapia.* Luz Casasnovas Susanna. (2ª ed.)
86. *Atrapando la felicidad con redes pequeñas.* Ignacio Berciano Pérez. Con la colaboración de Itziar Barrenengoa. (2ª ed.)

87. *C.G. Jung. Vida, obra y psicoterapia*. M. Pilar Quiroga Méndez.
88. *Crecer en grupo. Una aproximación desde el enfoque centrado en la persona.* Tomeu Barceló. (2ª ed.)
89. *Automanejo emocional. Pautas para la intervención cognitiva con grupos.* Alejandro Bello Gómez, Antonio Crego Díaz.
90. *La magia de la metáfora. 77 relatos breves para educadores, formadores y pensadores.* Nick Owen.
91. *Cómo volverse enfermo mental.* José Luís Pio Abreu.
92. *Psicoterapia y espiritualidad. La integración de la dimensión espiritual en la práctica terapéutica.* Agneta Schreurs.
93. *Fluir en la adversidad.* Amado Ramírez Villafáñez.
94. *La psicología del soltero: Entre el mito y la realidad.* Juan Antonio Bernad.
95. *Un corazón auténtico. Un camino de ocho tramos hacia un amor en la madurez.* John Amodeo.
96. *Luz, más luz. Lecciones de filosofía vital de un psiquiatra.* Benito Peral. (2ª ed.)
97. *Tratado de la insoportabilidad, la envidia y otras "virtudes" humanas.* Luis Raimundo Guerra. (2ª ed.)
98. *Crecimiento personal: Aportaciones de Oriente y Occidente.* Mónica Rodríguez-Zafra (Ed.).
99. *El futuro se decide antes de nacer. La terapia de la vida intrauterina.* Claude Imbert. (2ª ed.)
100. *Cuando lo perfecto no es suficiente. Estrategias para hacer frente al perfeccionismo.* Martin M. Antony - Richard P. Swinson. (2ª ed.)
101. *Los personajes en tu interior. Amigándote con tus emociones más profundas.* Joy Cloug.
102. *La conquista del propio respeto. Manual de responsabilidad personal.* Thom Rutledge.
103. *El pico del Quetzal. Sencillas conversaciones para restablecer la esperanza en el futuro.* Margaret J. Wheatley.
104. *Dominar las crisis de ansiedad. Una guía para pacientes.* Pedro Moreno, Julio C. Martín. (9ª ed.)
105. *El tiempo regalado. La madurez como desafío.* Irene Estrada Ena.
106. *Enseñar a convivir no es tan difícil. Para quienes no saben qué hacer con sus hijos, o con sus alumnos.* Manuel Segura Morales. (13ª ed.)
107. *Encrucijada emocional. Miedo (ansiedad), tristeza (depresión), rabia (violencia), alegría (euforia).* Karmelo Bizkarra. (4ª ed.)
108. *Vencer la depresión. Técnicas psicológicas que te ayudarán.* Marisa Bosqued.
109. *Cuando me encuentro con el capitán Garfio... (no) me engancho. La práctica en psicoterapia gestalt.* Ángeles Martín y Carmen Vázquez.
110. *La mente o la vida. Una aproximación a la Terapia de Aceptación y Compromiso.* Jorge Barraca Mairal. (2ª ed.)
111. *¡Deja de controlarme! Qué hacer cuando la persona a la que queremos ejerce un dominio excesivo sobre nosotros.* Richard J. Stenack.
112. *Responde a tu llamada. Una guía para la realización de nuestro objetivo vital más profundo.* John P. Schuster.
113. *Terapia meditativa. Un proceso de curación desde nuestro interior.* Michael L. Emmons, Ph.D. y Janet Emmons, M.S.
114. *El espíritu de organizarse. Destrezas para encontrar el significado a sus tareas.* Pamela Kristan.
115. *Adelgazar: el esfuerzo posible. Un sistema gradual para superar la obesidad.* A. Cózar.
116. *Crecer en la crisis. Cómo recuperar el equilibrio perdido.* Alejandro Rocamora. (3ª ed.)
117. *Rabia sana. Cómo ayudar a niños y adolescentes a manejar su rabia.* Bernard Golden. (2ª ed.)
118. *Manipuladores cotidianos. Manual de supervivencia.* Juan Carlos Vicente Casado.
119. *Manejar y superar el estrés. Cómo alcanzar una vida más equilibrada.* Ann Williamson.
120. *La integración de la terapia experiencial y la terapia breve. Un manual para terapeutas y consejeros.* Bala Jaison.
121. *Este no es un libro de autoayuda. Tratado de la suerte, el amor y la felicidad.* Luis Raimundo Guerra.
122. *Psiquiatría para el no iniciado.* Rafa Euba. (2ª ed.)

123. *El poder curativo del ayuno. Recuperando un camino olvidado hacia la salud.* Karmelo Bizkarra. (3ª ed.)
124. *Vivir lo que somos. Cuatro actitudes y un camino.* Enrique Martínez Lozano. (4ª ed.)
125. *La espiritualidad en el final de la vida. Una inmersión en las fronteras de la ciencia.* Iosu Cabodevilla Eraso. (2ª ed.)
126. *Regreso a la conciencia.* Amado Ramírez.
127. *Las constelaciones familiares. En resonancia con la vida.* Peter Bourquin. (8ª ed.)
128. *El libro del éxito para vagos. Descubra lo que realmente quiere y cómo conseguirlo sin estrés.* Thomas Hohensee.
129. *Yo no valgo menos. Sugerencias cognitivo- humanistas para afrontar la culpa y la vergüenza.* Olga Castanyer. (3ª ed.)
130. *Manual de Terapia Gestáltica aplicada a los adolescentes.* Loretta Cornejo. (3ª ed.)
131. *¿Para qué sirve el cerebro? Manual para principiantes.* Javier Tirapu. (2ª ed.)
132. *Esos seres inquietos. Claves para combatir la ansiedad y las obsesiones.* Amado Ramírez Villafáñez.
133. *Dominar las obsesiones. Una guía para pacientes.* Pedro Moreno, Julio C. Martín, Juan García y Rosa Viñas. (3ª ed.)
134. *Cuidados musicales para cuidadores. Musicoterapia Autorrealizadora para el estrés asistencial.* Conxa Trallero Flix y Jordi Oller Vallejo
135. *Entre personas. Una mirada cuántica a nuestras relaciones humanas.* Tomeu Barceló
136. *Superar las heridas. Alternativas sanas a lo que los demás nos hacen o dejan de hacer.* Windy Dryden
137. *Manual de formación en trance profundo. Habilidades de hipnotización.* Igor Ledochowski
138. *Todo lo que aprendí de la paranoia.* Camille
139. *Migraña. Una pesadilla cerebral.* Arturo Goicoechea
140. *Aprendiendo a morir.* Ignacio Berciano Pérez
141. *La estrategia del oso polar. Cómo llevar adelante tu vida pese a las adversidades.* Hubert Moritz
142. *Mi salud mental: Un camino práctico.* Emilio Garrido Landívar
143. *Camino de liberación en los cuentos. En compañía de los animales.* Ana María Schlüter Rodés
144. *¡Estoy furioso! Aproveche la energía positiva de su ira.* Anita Timpe
145. *Herramientas de Coaching personal.* Francisco Yuste (2ª ed.)
146. *Este libro es cosa de hombres. Una guía psicológica para el hombre de hoy.* Rafa Euba
147. *Afronta tu depresión con psicoterapia interpersonal. Guía de autoayuda.* Juan García Sánchez y Pepa Palazón Rodríguez
148. *El consejero pastoral. Manual de "relación de ayuda" para sacerdotes y agentes de pastoral.* Enrique Montalt Alcayde
149. *Tristeza, miedo, cólera. Actuar sobre nuestras emociones.* Dra. Stéphanie Hahusseau
150. *Vida emocionalmente inteligente. Estrategias para incrementar el coeficiente emocional.* Geetu Bharwaney
151. *Cicatrices del corazón. Tras una pérdida significativa.* Rosa Mª Martínez González
152. *Ojos que sí ven. "Soy bipolar" (Diez entrevistas).* Ana González Isasi - Aníbal C. Malvar
153. *Reconcíliate con tu infancia. Cómo curar antiguas heridas.* Ulrike Dahm
154. *Los trastornos de la alimentación. Guía práctica para cuidar de un ser querido.* Janet Treasure - Gráinne Smith - Anna Crane
155. *Bullying entre adultos. Agresores y víctimas.* Peter Randall
156. *Cómo ganarse a las personas. El arte de hacer contactos.* Bernd Görner
157. *Vencer a los enemigos del sueño. Guía práctica para conseguir dormir como siempre habíamos soñado.* Charles Morin
158. *Ganar perdiendo. Los procesos de duelo y las experiencias de pérdida: Muerte - Divorcio - Migración.* Migdyrai Martín Reyes
159. *El arte de la terapia. Reflexiones sobre la sanación para terapeutas principiantes y veteranos.* Peter Bourquin
160. *El viaje al ahora. Una guía sencilla para llevar la atención plena a nuestro día a día.* Jorge Barraca Mairal

Serie MAIOR

1. *Anatomía Emocional. La estructura de la experiencia somática.* STANLEY KELEMAN. (8ª ed.)
2. *La experiencia somática. Formación de un yo personal.* STANLEY KELEMAN. (2ª ed.)
3. *Psicoanálisis y análisis corporal de la relación.* ANDRÉ LAPIERRE.
4. *Psicodrama. Teoría y práctica.* JOSÉ AGUSTÍN RAMÍREZ. (3ª ed.)
5. *14 Aprendizajes vitales.* CARLOS ALEMANY (ED.). (13ª ed.)
6. *Psique y Soma. Terapia bioenergética.* JOSÉ AGUSTÍN RAMÍREZ.
7. *Crecer bebiendo del propio pozo. Taller de crecimiento personal.* CARLOS RAFAEL CABARRÚS, S.J. (12ª ed.)
8. *Las voces del cuerpo. Respiración, sonido y movimiento en el proceso terapéutico.* CAROLYN J. BRADDOCK.
9. *Para ser uno mismo. De la opacidad a la transparencia.* JUAN MASIÁ CLAVEL
10. *Vivencias desde el Enneagrama.* MAITE MELENDO. (3ª ed.)
11. *Codependencia. La dependencia controladora. La dependencia sumisa.* DOROTHY MAY.
12. *Cuaderno de Bitácora, para acompañar caminantes. Guía psico-histórico-espiritual.* CARLOS RAFAEL CABARRÚS. (5ª ed.)
13. *Del ¡viva los novios! al ¡ya no te aguanto! Para el comienzo de una relación en pareja y una convivencia más inteligente.* EUSEBIO LÓPEZ. (2ª ed.)
14. *La vida maestra. El cotidiano como proceso de realización personal.* JOSÉ MARÍA TORO.
15. *Los registros del deseo. Del afecto, el amor y otras pasiones.* CARLOS DOMÍNGUEZ MORANO. (2ª ed.)
16. *Psicoterapia integradora humanista. Manual para el tratamiento de 33 problemas psicosensoriales, cognitivos y emocionales.* ANA GIMENO-BAYÓN Y RAMÓN ROSAL.
17. *Deja que tu cuerpo interprete tus sueños.* EUGENE T. GENDLIN. (2ª ed.)
18. *Cómo afrontar los desafíos de la vida.* CHRIS L. KLEINKE.
19. *El valor terapéutico del humor.* ÁNGEL RZ. IDÍGORAS (Ed.). (3ª ed.)
20. *Aumenta tu creatividad mental en ocho días.* RON DALRYMPLE, PH.D., F.R.C.
21. *El hombre, la razón y el instinto.* JOSÉ Mª PORTA TOVAR.
22. *Guía práctica del trastorno obsesivo compulsivo (TOC). Pistas para su liberación.* BRUCE M. HYMAN Y CHERRY PEDRICK.
23. *La comunidad terapéutica y las adicciones. Teoría, modelo y método.* GEORGE DE LEON.
24. *El humor y el bienestar en las intervenciones clínicas.* WALEED A. SALAMEH Y WILLIAM F. FRY.
25. *El manejo de la agresividad. Manual de tratamiento completo para profesionales.* HOWARD KASSINOVE Y RAYMOND CHIP TAFRATE.
26. *Agujeros negros de la mente. Claves de salud psíquica.* JOSÉ L. TRECHERA.
27. *Cuerpo, cultura y educación.* JORDI PLANELLA RIBERA.
28. *Reír y aprender. 95 técnicas para emplear el humor en la formación.* DONI TAMBLYN.
29. *Manual práctico de psicoterapia gestalt.* ÁNGELES MARTÍN. (7ª ed.)
30. *Más magia de la metáfora. Relatos de sabiduría para aquellas personas que tengan a su cargo la tarea de Liderar, Influenciar y Motivar.* NICK OWEN
31. *Pensar bien - Sentirse bien. Manual práctico de terapia cognitivo-conductual para niños y adolescentes.* PAUL STALLARD.
32. *Ansiedad y sobreactivación. Guía práctica de entrenamiento en control respiratorio.* PABLO RODRÍGUEZ CORREA.
33. *Amor y violencia. La dimensión afectiva del maltrato.* PEPA HORNO GOICOECHEA. (2ª ed.)
34. *El pretendido Síndrome de Alienación Parental. Un instrumento que perpetúa el maltrato y la violencia.* SONIA VACCARO - CONSUELO BAREA PAYUETA.
35. *La víctima no es culpable. Las estrategias de la violencia.* OLGA CASTANYER (Coord.); PEPA HORNO, ANTONIO ESCUDERO E INÉS MONJAS.
36. *El tratamiento de los problemas de drogas. Una guía para el terapeuta.* MIGUEL DEL NOGAL.
37. *Los sueños en psicoterapia gestalt. Teoría y práctica.* ÁNGELES MARTÍN.
38. *Medicina y terapia de la risa. Manual.* RAMÓN MORA RIPOLL.
39. *La dependencia del alcohol. Un camino de crecimiento.* THOMAS WALLENHORST.
40. *El arte de saber alimentarte. Desde la ciencia de la nutrición al arte de la alimentación.* KARMELO BIZKARRA.
41. *Vivir con plena atención. De la aceptación a la presencia.* VICENTE SIMÓN.